愛知県知事
大村秀章

停滞を打破する22戦略

ダイバーシティ興国論

愛知が起こす
成長革命V

はじめに

名著『国富論』で、アダム・スミス(Adam Smith、1723〜1790年)は「分業」の大切さを説いた。小さなピン工場を例に、製造工程を18にわけて10人で分業すれば、1日4万8000本を製造でき、生産性を240倍超にアップできると強調した。

ヘンリー・フォードI世(Henry Ford、1863〜1947年)は大衆車T型フォードを1000ドルを切る破格の安さで売り出した。専門職人が車の周りで巧みに造りあげる工程を、「分業」によるベルトコンベアー量産に切り替え、年間1万台超を販売した。

以降、近代社会で「分業」は有力な武器となる。生産現場だけでなく、あらゆる業種で「分業」が進み、医療、教育、スポーツなどの世界にも活用された。例えば、野球。投手と野手の分業は当然で、投手も「先発」「中継ぎ」「クローザー」だけでなく、「左打者対策のワンポイントリリーフ」といった細分化が進んだ。「分業」は成功への鍵と信じられた。

だが、常識を軽々と乗り越える異端児が現れる。大谷翔平(1994年〜)選手は専門家の批判などどこ吹く風と、花巻東高、日本ハム、エンゼルスで「二刀流」に磨きをかけた。2023年には投手として10勝（奪三振167）、打者では44本塁打（ホームラン王）を叩き出す。満票で2回目のMVPを獲得し、過去最高の7億ドルの契約金でドジャースへ移籍してみせた。移籍後の初会見は、世界の7000万人超が視聴したという。

瀬戸市出身の藤井聡太（2002年〜）八冠は、8歳で大人に混じって詰将棋解答選手権チャンピオン戦に出場し、史上最年少の14歳2か月でプロ棋士となった。デビューから公式戦29連勝を達成。「僥倖《ぎょうこう》」「白眉《はくび》」「拘泥《こうでい》」「隘《あい》路《ろ》」など10代らしからぬ語彙力と相まって、「藤井フィーバー」を巻き起こす。

一般棋戦優勝、タイトル獲得など最年少記録を次々と更新。しかも単なる「栴檀《せんだん》は双葉より芳し」ではない。将棋に専念するため名

愛知県民栄誉賞を授与される藤井八冠

大教育学部附属高校をあっさりと退め、AI（人工知能）相手に研鑽を重ねる。毎年の勝率は驚異の8割超えで、21歳で8タイトル（棋聖、王位、叡王、竜王、王将、棋王、名人、王座）独占を果たした。今後も最年少「永世称号」の獲得など「最年少」や「史上初」の記録を次々と打ち立て、棋界に新風を吹き込み続けるだろう。

常識や慣習に疑問をいだき、横並びを嫌う。枠からはみ出し、パイオニアとして新しさに挑む。進取の気性に富み、自己研鑽に没頭する。それが異質の輝く才能となり、周囲の変化を巻き起こす。変化の連鎖が守旧を打ち破り、チャレンジとバイタリティーの源泉となる。

藤井八冠に続けとばかり、愛知から続々と挑戦者が生まれている。蒲郡市出身の千賀滉大《こうだい》（1993年～）投手は、無名の高校時代最後に育成枠というチャンスを掴み、ソフトバンク、大リーグと「おばけフォーク」が冴えわたる。名古屋市出身の谷川萌々子《ももこ》（2005年～）選手はなでしこ日本代表として杭州アジア競技大会で5得点を叩き出し、18歳で海外プロチームへ渡った。一宮市育ちの亀井聖矢《まさや》（2001年～）氏は明和高から飛び級で音大へ進み、20歳を前にロン＝ティボーなど国際ピアノコンクールで相次ぎ入賞。名大からデンソーへ入った西田宏平（1993年～）氏は、名大院に在学中だった弟の亮也（1995年～）氏とともに、普通3～5年かかる畑の土づくりを1か月に短縮できる高機能バイオ炭を開発し、環境スタートアップを創業して食の革命に挑む。

目覚ましい若者たちの躍進をよそに、日本の凋落が著しい。

　景気はずっとパッとせず、実質経済成長率は20年以上3%を超えられない。名目GDP(国内総生産、ドル建て)は2023年、ついにドイツに抜かれて世界4位に落ちた。日経平均株価が史上最高値を更新し、民間企業の稼ぐ力は強くなったが、資本がうまく設備投資へ回る循環が起きていない。アジアで最も成熟した日本の人口は2008年にピークを打ち、2056年には1億人を下回る。2070年に65歳以上が人口の4割近くを占め、超高齢化は社会保障制度の脅威となる。百年後には明治末期の水準(4900万人台)まで落ち込み、労働力人口の急減は目を覆わんばかりだ。

　国と地方の借金は1300兆円に迫り、日本経済の喉元に金利上昇という刃を突きつける。開業

一貫して減り続ける日本の人口(単位:万人)

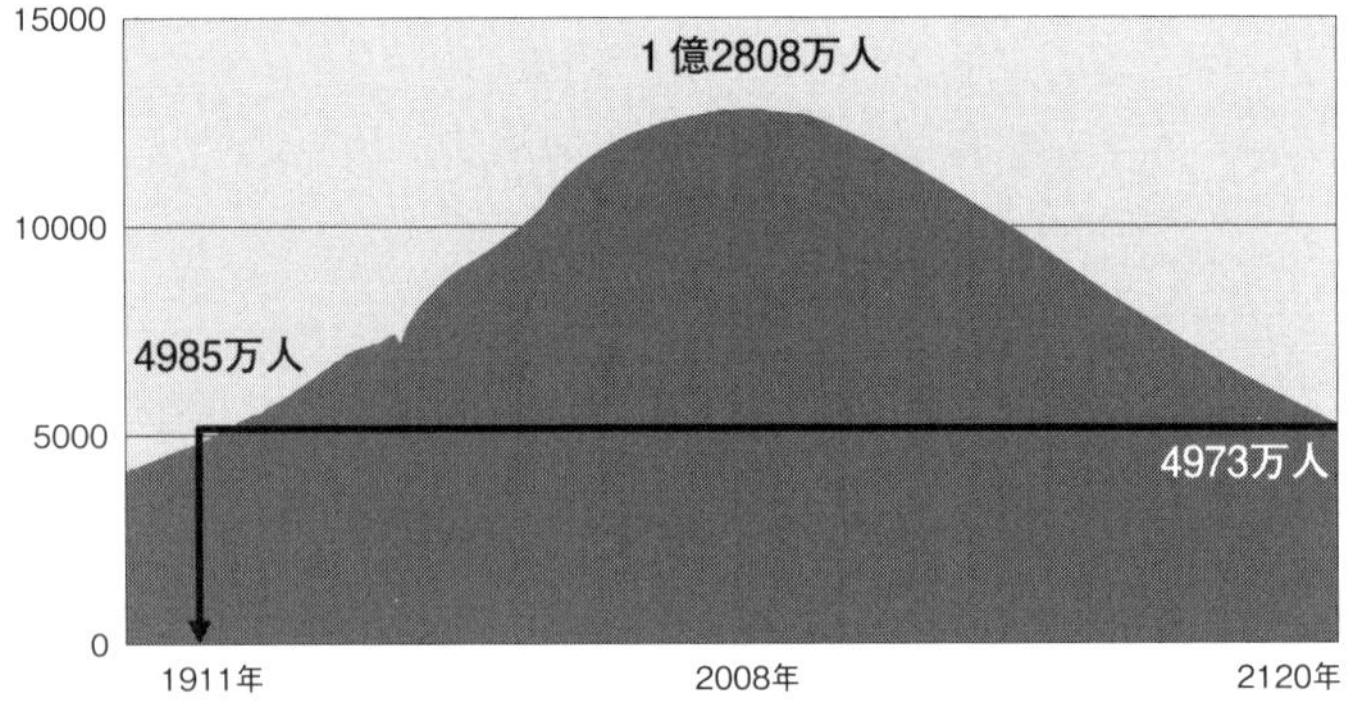

注)戸籍法、2020年国勢調査に基づいて作成。将来推計人口は国立社会保障・人口問題研究所の中位推計

率は5%前後と欧米の半分に低迷したままで、スタートアップ（新興企業）の数は欧米中印の足元にも及ばない。スイスの著名ビジネススクール、IMD（国際経営開発研究所）の国際競争力ランキングで、日本は2023年、とうとう過去最低の35位に沈んだ。

温暖化対策は遅々として進まず、夏の猛暑や線状降水帯の頻発が国民の暮らしを脅かす。マイナンバーを巡るゴタゴタは、わが国のデジタル化の著しい遅れを象徴する。観光地のオーバーツーリズム、盆暮れの渋滞、歴史ある都市公園の樹木伐採など「市場の失敗」は至るところで露わだ。

明治以来、第二次世界大戦をはさんで、躍進を後押ししてきた日本の成長モデルと決別する時だ。国が主体となって、中央集権を強化し、地方へ一律資源配分する手法は時代遅れになった。民と官と政が一体となって、政府目標にベクトルを合わせ、組織力で進む成長モデルは機能不全に陥っている。どん底から脱却するには、何が必要か。

前例踏襲から脱却し、変化の芽を育まねばならない。安定志向、保身、忖度、横並び、リスク回避などに背を向け、国に任せず、都市圏がリーダーシップを発揮する。異質な才能、前例を打ち破る発想、枠に収まらない政策手法を次々と導入しなければいけない。

どこから導入するか。世界中からである。多様な歴史・民族・社会・習慣・宗教の存在する世界には、卓越したアイデア、次元の異なる発想、さまざまな市民ニーズが溢れている。優れた才能、成果をあげた政策、因習を打ち破る概念を一天四海から取り入れ、相互作用を活発化し、成長と豊かさを実現しなくてはいけない。日本にいま必要なのは、世界の優れモノを集めるダイバーシティ(Diversity、多様化)戦略である。それを愛知からスタートさせる。

ダイバーシティは、ラテン語の「離れて・ばらばらに(di)」と「向く・方向に進む(verse)」を組み合わせた言葉だ。古フランス語経由で英語圏に入ったとされ、欧米ではすでに17世紀に「多種多様なバラバラなことをする」という言葉がポジティブな意味で使われていたというから、欧米社会の厚みと慧眼《けいがん》に驚かされる。

スポーツ、将棋など実力がものをいう世界で始まった若者たちの改革を、日本経済、社会、政治にも広げねばならない。多様な手法で、多様な才能を花開かせ、多様な豊かさを実現する。本書は『愛知が起こす成長革命―日本が蘇る2027年への提言27―』(2015年刊)、『時代は〝国家〟から〝地域〟へ 世界イノベーション都市宣言「愛知が起こす成長革命Ⅱ」グローバル編』(2017年刊)、『スタートアップ興国論―愛知が起こす成長革命Ⅲ―』(2020年刊)、『今こそ、ファーストペンギンを目指そう―愛知が起こす成長革命Ⅳ―』(2021年発行)に続く提言の書である。22世紀を見据え、日本の成長と豊かさを実現する22の処方箋を盛り込んだ。

ひとつ一つが、切れ味鋭いカッティングエッジ(最先端)の概念であり、愛知が主導し全国に広げていく改革の波である。22の提言をテコに、イノベーションを巻き起こし、人口対策を進めねばならない。カーボンニュートラル社会を実現し、住民の暮らしに刺激と楽しさを与え、新時代にふさわしい統治の形を構築せねばならない。いま、愛知が22のダイバーシティ戦略で日本のグローバル化、デジタル化、ＳＤＧｓ（国連の持続可能な開発目標）達成を先導する。

目次

contents

第4章 人口減対策

装幀　スーパービックボンバー　前田利博

イノベーション

第1章

人口減で低迷する日本経済を活性化するには、イノベーションによる生産性の向上が必須である。スタートアップを次々と生み出し、経済の血液ともいうべき「お金」の流れを活発にして、イノベーションを起こして産業の新陳代謝を促す必要がある。大企業からは非連続の技術革新が起きにくい「イノベーションのジレンマ」に陥らないよう、ダイバーシティ（多様性）に富んだヒト、モノ、カネ、情報、知見、ノウハウを世界最高峰から導入することが欠かせない。折しも、過去20年間、世界のイノベーションを先導してきたＧＡＦＡの勢いが変調をきたし、日本企業が躍進する好機を迎えている。とかく日本の政策といえば、「的（目標）」ばかり提示して「矢（手段）」のないことが多い。第1章では、愛知が先頭に立ってイノベーションを喚起するための「矢（具体策）」について、説いていきたい。

1 イノベーションの揺り籠

猛暑の日本と違って、爽やかな夏だった2023年のパリ。市南部パリ13区のセーヌ川近くに位置する、世界最大級のスタートアップ支援施設、「STATION F」(ステーション・エフ)を訪れた。旧駅舎を改装したガラス張りの広大な施設(3万4000平方メートル)を訪れるのは、これで都合4度目である。英語が飛び交い、中空に広がるコンテナのようなブースや、モダンアートのオブジェなどを観ながら、「世界のあちこちでスタートアップの揺り籠を視察してきたが、やはりここが最も凄い」と確信した。

何が卓越しているのか。「STATION F」のオープンイノベーションである。あらゆる国・地域に門戸を開き、さまざまな才能を一カ所に結集させて、ヒト・モノ・金・情報による化学変化を起こし、イノベーションを生む人工的な仕組みが整っているのだ。

入居するスタートアップは創業初期(アーリー段階)の1000社で、4000〜5000人の起業家の卵が「STATION F」という一カ所に参集。精力的な交流、自由な意見交換、意外性を求めたマッチングなどを通じて、ビジネスの芽を貪欲に探している。

壮大な「STATION F」を訪問

起業をサポートするアクセラレーター、ベンチャーキャピタル、投資家などが常駐するのは当然。マイクロソフト、メタ（旧フェイスブック）、ロレアル、ＬＶＭＨ、ＢＮＰパリバなどの錚《そう》々《そう》たるグローバル企業や、著名ビジネススクールのＩＮＳＥＡＤ（本部・フォンテーヌブロー）やＨＥＣパリス（本部パリ）などがブースを構え、常時、独自のスタートアップ支援プログラムを展開している。

　刮目すべきは、計画的に入居者の外国人比率を３割以上、女性比率は４割以上に設定するルールが徹底されている点だ。異なる出身国・地域、性別、経歴・職歴・学歴の人々を、ほぼ意図的に混ぜ合わせることで、卓越したアイデアや異次元の発想を生み出そうとしている。他のインキュベーション施設にはみられ

壮大な「STATION F」の概要

事業内容	世界最大級のスタートアップ支援施設
設立時期	2017年6月29日
場所	パリ13区の旧国鉄貨物駅舎ラ・アール・フレシネ (La Halle Freyssinet)を改装・再構築
延べ床面積	約3万4000平方メートル
運営主体	民間組織（運営費年間970万ユーロ＝邦貨換算約15億円）
創業者	著名起業家・グザヴィエ・ニエル氏
運営責任者	ロクサーヌ・ヴァルザ氏
入居者	スタートアップ1000社、アクセラレーター、ベンチャーキャピタルなど。常時、グローバル企業の支援プログラムを提供
特徴	あくまでスタートアップの成長支援が目的で、営利を目的としない。入居は最長2年間。
成果	創業5年で5000社超が起業（うち約4割が女性起業家）。累計18億ユーロを資金調達。ユニコーン企業も輩出。

ロクサーヌ・ヴァルザ女史と意見交換

ない、女性起業家専用の支援プログラムも用意。いわばセレンディピティ（偶然がもたらす予期せぬ幸運）を生む壮大な実験場といった趣だ。

「STATION F」の運営責任者（ディレクター）は、30代のロクサーヌ・ヴァルザ（Roxanne Varza、1985年〜）女史だ。米仏の二重国籍を持ち、カリフォルニア大、パリ政治学院、ロンドン・スクール・オブ・エコノミクスで学び、2013年に米ニュースサイト「Business Insider」で世界の技術分野で影響力のある若手女性ベスト30に選ばれた。ヴァルザ氏が運営責任者を務めること自体が、異質な才能を混ぜてイノベーションの芽を育む「STATION F」の哲学を象徴している。

イノベーション大国といえば、GAFAを生んだアメリカである。スタートアップ調査で定評のあるCBインサイツ社調べでは、2024年1月時点で、超優良スタートアップというべきユニコーン（推定時価総額10億ドル以上、原則創業10年未満の未上場企業）は世界に1232社あるが、過半の656社をアメリカが占める。これに中国（169社）、インド（72社）、イギリス（53社）、ドイツ（30社）が続く。

アメリカには、スタンフォード大学を中核とするシリコンバレーを筆頭に、ハーバード大学やMITが牽引するボストン周辺、テキサス大学オースティン校のシリコンヒルズ（テキサス州）など、スタートアップを量産するエコシステムが各地にでき上がっている。中国にも清華大学

世界のユニコーンランキング

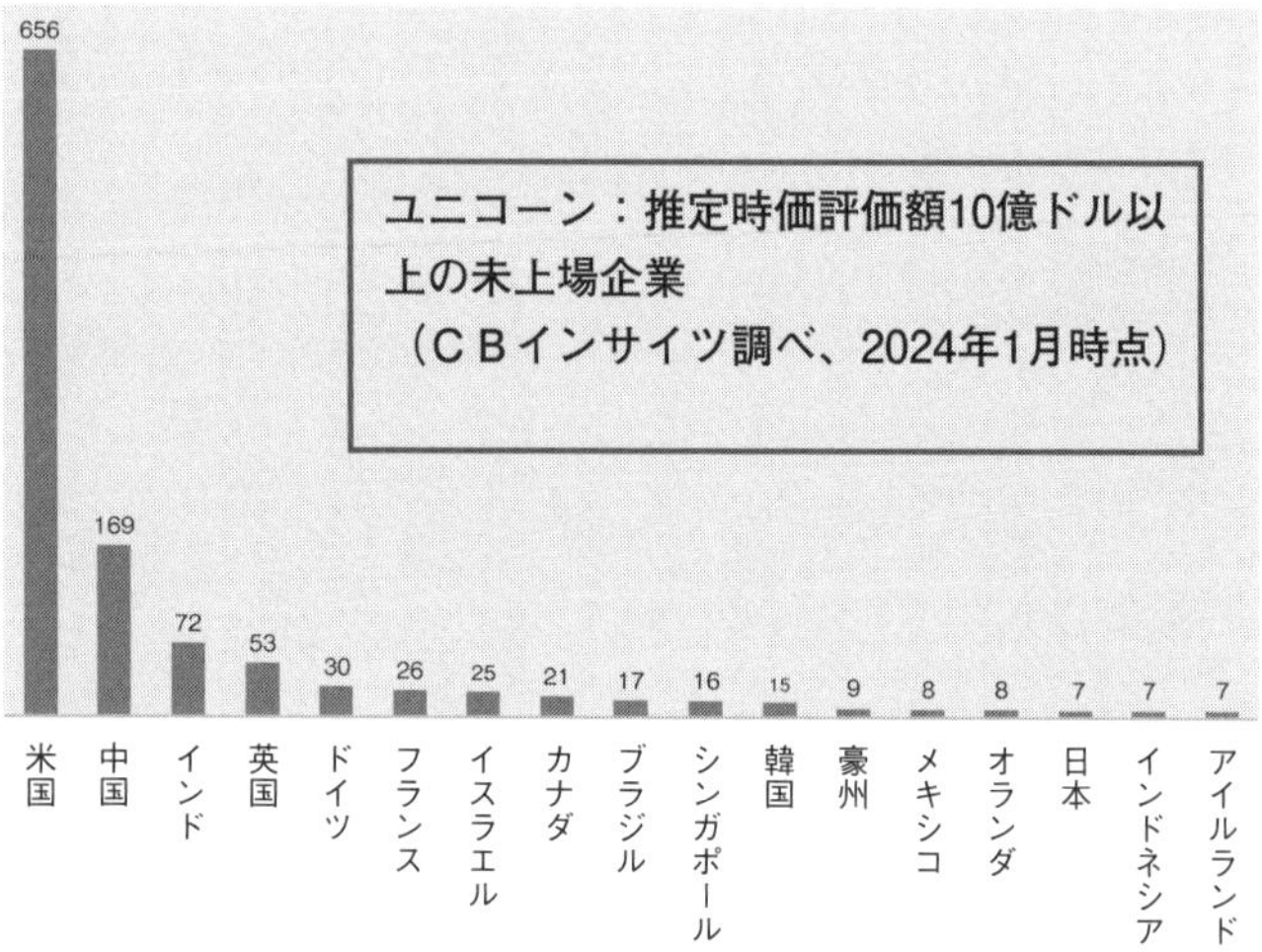

や北京大学を中心とした北京地区などのエコシステムがあり、英ロンドンはフィンテックやグリーンテックのスタートアップを輩出することで知られる。いずれの地区も、放っておいても、世界中から才能溢れる若手人材がどんどん集まり、潤沢なリスクマネーが供給され、最先端企業が相次ぎ誕生している。

日本でも産業クラスター育成など、シリコンバレーなどを模倣する試みはある。しかし、残念ながら、大きな成果を挙げているとは言い難い。ＣＢインサイツ社調べで、日本のユニコーンはわずか7社(２０２４年1月時点)。世界ユニコーン数ランキングでは15位と、この３年でオーストラリア、メキシコ、オランダに抜かれ、インドネシアとアイルランドに並ばれた。

注目すべきはフランスだ。同じCBインサイツ社調べで、フランス政府がスタートアップ支援計画「フレンチテック」を始動した2013年に、同国のユニコーン数はわずか1社だった。それが2024年1月には26社まで増え、コロナ禍をものともせずに、2019年に掲げた政府目標を数年早く達成した。ユニコーンの世界ランキングでもイスラエルを抜いて6位に浮上し、英独を猛追している。

階級社会が厳然と残り、日本以上に学歴重視、大企業信仰の強かった保守的なフランスが、なぜスタートアップ大国に短期間に変身できたのか。それは、マクロン大統領が辣腕を振るい、経済・産業・デジタル大臣時代（2014年）から、才能ある起業家を世界から迎え入れる「フレンチテック・ビザ」を発行するなど、あの手この手で人工的にスタートアップを育むエコシステムを整えたからだ。その躍進の象徴が、スタートアップの揺り籠「STATION F」である。

日本にも、エコシステムが必要だ。スタンフォード大学のような超弩《ど》級の研究・教育機関が見当たらず、チャレンジ精神に満ちた若者の活躍できる場は少なく、リスクマネーも供給されにくい。この焦燥感と危機感から、私は、Aichi-Startup戦略を始動した。

2018年、世界9カ国15都市を対象に、先進エコシステムを徹底調査した。導き出した回答が、スタートアップの揺り籠「STATION Ai（エーアイ）」構想である。「STATION F」のもつ、全知見やノウハウを、そっくりそのまま愛知に移植する。

「目利き集団」ソフトバンクとの調印

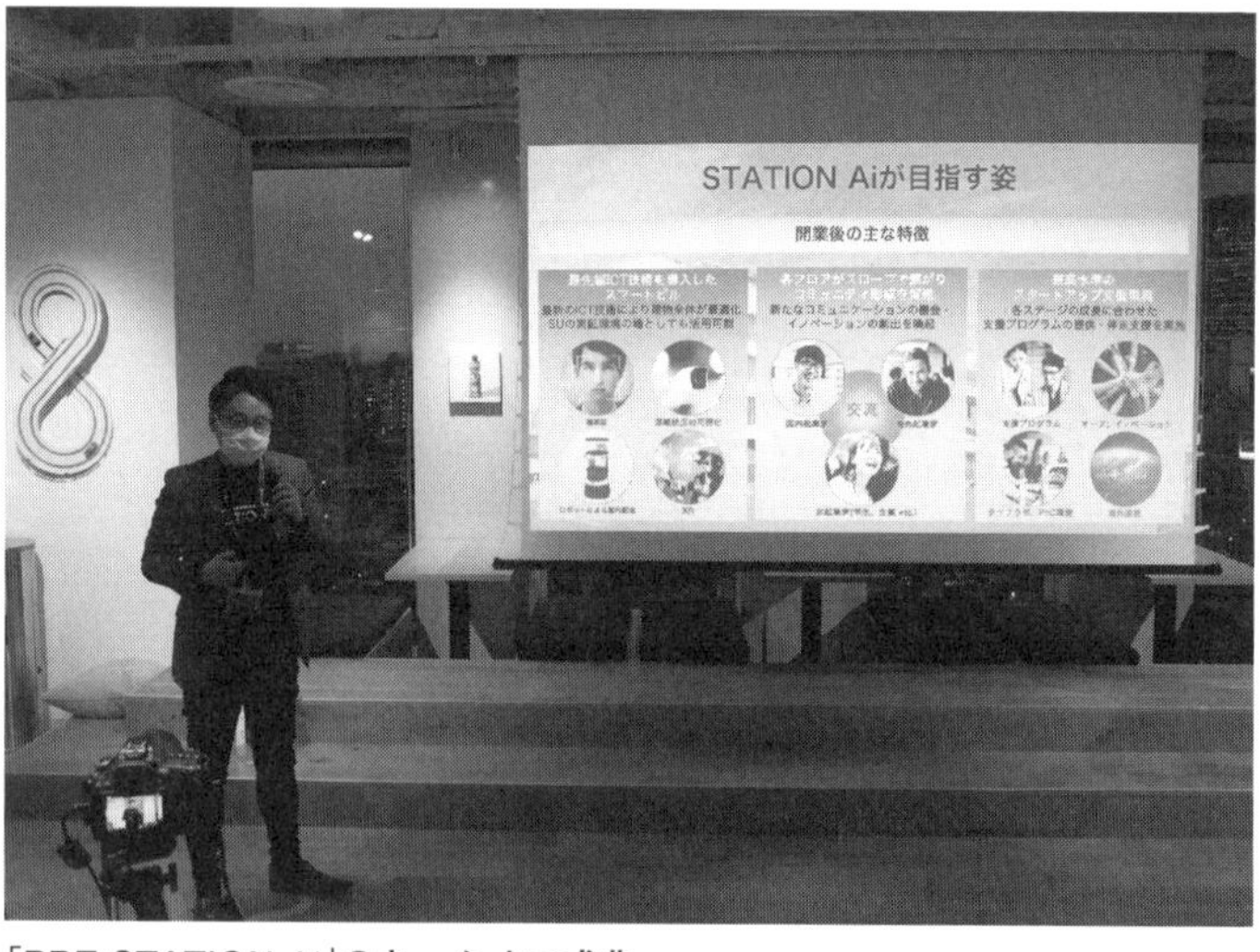

「PRE-STATION Ai」のキックオフ式典

２０１９年の構想公表、２０２０年からの公募による選定を経て、２０２１年７月、「ＳＴＡＴＩＯＮ Ａｉ」の舵取り役として、ソフトバンクに白羽の矢をたてた。ＰＦＩ（民間資金を活用した社会資本整備）事業の一環として、揺り籠の整備・運営を同社に任せる基本協定を結んだ。私が知る限り、ソフトバンクグループは、暗闇の中から原石を探り当てる目利き役として、日本最高の企業集団である。

２０２０年の年明けには、本番まで待てないと、名古屋市中村区に先行準備施設である「ＰＲＥ-ＳＴＡＴＩＯＮ Ａｉ」を開設し、スタートアップの総合支援に乗り出した。同年夏には、国からエコシステム拠点となる「グローバル拠点都市」に選定された。

２０２１年には、「ＳＴＡＴＩＯＮ Ｆ」の知見やノウハウを愛知に導入するための「Aichi-France Collaboration Program」の創設にこぎつけた。人材交流、ワークショップ、セミナーなどを通じて、先進的な支援手法を愛知にフル導入したい。訪仏時に意見交換した「ＳＴＡＴＩＯＮ Ｆ」のヴァルザ・ディレクターは強固な連携を確認するとともに「人的交流などで全面的に協力する」と確約してくれた。ソフトバンクグループを率いる孫正義氏は「これまで海外では多くの企業に投資してきたが、日本でも有力なスタートアップを見つけ、育てあげたい」と意欲を示す。

着々と準備を進めてきた。細工は流々である。いよいよ、２０２４年10月、名古屋市昭和区の鶴舞公園の南（愛知県勤労会館跡）に、日本最大の揺り籠「STATION Ai」がオープンする。

提言1

◎出遅れた日本は、スタートアップ新興大国フランスに学べ
◎パリの「STATION F」のオープンイノベーションを手本とせよ
◎外国人や女性を活かし、セレンディピティを生みだせ
◎「STATION Ai」でエコシステムを構築し、原石を掘り起こせ

2 最高峰とかき混ぜる

今秋、こけら落としを迎えるスタートアップの揺り籠「STATION Ai」には、オープンイノベーションに必要な設備はすべて整えた。

起業家らが入居するオフィス、会議室、イベント会場、宿泊・研修施設などはもちろん、試作品を制作できる3Dプリンターなどを完備したテック・ラボから、カフェ、レストラン、託児所、未来の起業家の夢をかきたてる産業偉人展示施設「あいち創業館」まで、準備は万端である。画竜点睛の故事になぞらえれば、すでに見事に竜は画きあげてある。あとはイノベーションを起こす睛《ひとみ》をきちんと点《い》れねばならない。

睛とは何か。この数年で起きた世界のイノベーションで、最も影響力が大きかったのは、新型コロナウイルスのワクチン開発だろう。なにしろ世界で億単位の人命を救ったのだから、その開発経緯からイノベーションを起こすための睛を学ぶべきだ。

パンデミックからわずか1年足らずでワクチン実用化にこぎつけたのは、3人の科学者の貢献が大きい。1人目は、遺伝情報を伝達するmRNA（メッセンジャーRNA）をワクチンとし

「STATION Ai」の概要

事業内容	日本最大のスタートアップ支援施設
設立時期	2024年10月
場所	名古屋市昭和区鶴舞の鶴舞公園南側（愛知県勤労会館跡）
規模	地上7階建て、延べ床面積約2万3600平方メートル
管理・運営	ソフトバンクの100％出資子会社「STATION Ai株式会社」（ＰＦＩ法に基づくコンセッション方式）
特徴	仏スタートアップ支援施設「STATION Ｆ」と全面提携。シード・アーリー段階からレイター段階までの全成長ステージで育成を支援する。アメリカ、中国、シンガポール、フランスなどの世界最高峰の研究・教育機関からインキュベーション・ノウハウを導入。常時、大手企業の支援プログラムを提供
提携機関	仏「STATION Ｆ」、INSEAD、パリ市経済開発公社「Paris&Co」、テキサス大学オースティン校、清華大学、上海交通大学、浙江大学、シンガポール国立大学、イスラエルイノベーション庁など多数
目標	内外からスタートアップ1000社を集積・育成

「STATION Ai」の完成予想図

て使えるように画期的技術を発明した米ペンシルベニア大学のカタリン・カリコ教授（Katalin Karikó、１９５５年〜）だ。２０２３年のノーベル生理学・医学賞を受けたから、彼女が移民としてハンガリーからアメリカへ渡ったことは、報道などでご存じだろう。

残る２人は、ｍＲＮＡワクチンを実用化した米モデルナ社の創業者、デリック・ロッシ博士（Derrick Rossi、１９６６年〜）と、ファイザー社にｍＲＮＡワクチン技術を提供した独ビオンテック社の創業者ウール・シャヒン博士（Uğur Şahin、１９６５年〜）だ。ロッシ博士はマルタからカナダへの移民の子であり、シャヒン博士もトルコからドイツへの移民である。加えて、世界の大手製薬会社との競争をものともせずに、製品化にいち早く成功したモデルナ社（創業２０１０年）とビオンテック社（創業２００８年）が、ともに創業10年あまりのスタートアップであったという点も見逃せない。

ここに晴、つまりイノベーションの秘密がある。キーワードは「移民」と「スタートアップ」。まったく異質な才能を外から取り込み、前例にとらわれずに自由に挑戦できる環境に置けば、予想もつかない手法や発想がイノベーションを生むことがあるのだ。

全米経済研究所（ＮＢＥＲ）は、イノベーションでアメリカが世界の最先端を走ってきた背景には、年間１００万人を超える移民の存在がある、との論文をまとめている。アメリカ政府は移民政策で、前年の移民数が少なかった地域から優先的に迎えるダイバーシティプログラムを採用しており、これがイノベーションを生む環境づくりに寄与していると説く。

移民抜きで、こうしたエコシステムを愛知に人工的に整えなくては、点睛《てんせい》を欠く。そこで、世界最高峰の研究・教育機関と、計画的に絶えず交流する仕組みを「STATION Ai」は導入する。最高峰とは、アメリカのテキサス大学オースティン校、シンガポールのシンガポール国立大学、中国の清華大学、世界屈指の経営大学院である仏INSEADなど錚々たる顔ぶれだ。

左ページに、世界大学ランキングで定評のある英評価機関クアクアレリ・シモンズ（QS）と英教育専門誌タイムズ・ハイヤー・エデュケーション（THE）の順位を示した。両ランキングとも英機関の調査であり、英米大学が上位にくる傾向が強いが、その点を割り引いて考えれば、愛知県が包括提携などを結んだ研究・教育機関が、いかに世界最高峰であるかがわかるだろう。

例えば北京地区では、中国のMITとよばれる清華大学と包括交流の覚書を結んだ。胡錦濤、習近平国家主席らを輩出した清華大学はアジアトップの理系頭脳集団であり、アジア屈指の美しさと称される同大キャンパスで要人と意見交換するたびに、陣容や資金などの規模の巨大さに驚かされる。なにしろ、傘下のインキュベーター事業体「TUSホールディングス」（2000年設立）は5000以上のスタートアップ、11ものサイエンスパークを支援し、運用資産は1000億元（約2兆円）超にのぼる、という。この超弩級インキュベーター組織と連携プログラムを実施し、県職員を派遣すると共に、メンター（指導・助言役）として、清華大学のノウハウ

世界の大学ランキング

QS世界ランキング2024(2023年6月)		
1	マサチューセッツ工科大学(MIT)	アメリカ
2	ケンブリッジ大学	イギリス
3	オックスフォード大学	イギリス
4	ハーバード大学	アメリカ
5	スタンフォード大学	アメリカ
:		
8	シンガポール国立大学	シンガポール
25	清華大学	中国
28	東京大学	日本
44	浙江大学	中国
46	京都大学	日本
51	上海交通大学	中国
58	テキサス大学オースティン校	アメリカ
176	名古屋大学	日本

出典）QS世界大学ランキング2024年

THE世界ランキング2024(2023年9月)		
1	オックスフォード大学	イギリス
2	スタンフォード大学	アメリカ
3	マサチューセッツ工科大学(MIT)	アメリカ
4	ハーバード大学	アメリカ
5	ケンブリッジ大学	イギリス
:		
12	清華大学	中国
19	シンガポール国立大学	シンガポール
29	東京大学	日本
43	上海交通大学	中国
52	テキサス大学オースティン校	アメリカ
55	京都大学	日本
55	浙江大学	中国
250以内	名古屋大学	日本

出典）THE世界大学ランキング2024年

注）（薄い網掛け）は愛知県と提携関係などにある大学、（濃い網掛け）は日本の大学

世界の経営大学院ランキング

QS世界ランキング2024（2023年10月）		
1	スタンフォード大経営大学院	アメリカ
2	ペンシルベニア大ウォートン校	アメリカ
3	ハーバード・ビジネス・スクール	アメリカ
4	ロンドン・ビジネス・スクール	イギリス
5	HECパリス	フランス
6	MITスローン経営大学院	アメリカ
7	コロンビア・ビジネス・スクール	アメリカ
8	IEビジネススクール	スペイン
9	ケンブリッジ・ジャッジ・ビジネス・スクール	イギリス
9	IESEビジネススクール	スペイン
11	INSEAD	フランス
12	ノースウェスタン大ケロッグ経営大学院	アメリカ
13	カリフォルニア大バークレー校（Haas）	アメリカ

出典）QS世界大学ランキング2024年

FT世界ランキング2024（2024年2月）		
1	ペンシルベニア大ウォートン校	アメリカ
2	INSEAD	フランス
3	コロンビア・ビジネス・スクール	アメリカ
3	SDAボッコーニ経営大学院	イタリア
5	IESEビジネススクール	スペイン
6	ノースウェスタン大ケロッグ経営大学院	アメリカ
6	MITスローン経営大学院	アメリカ
8	ロンドン・ビジネス・スクール	イギリス
9	コーネル大ジョンソン経営大学院	アメリカ
10	シカゴ大ブース・スクール・オブ・ビジネス	アメリカ
11	ハーバード・ビジネス・スクール	アメリカ
11	HECパリス	フランス
11	ダートマス大学タック経営大学院	アメリカ

出典）FT世界MBAランキング2024年

注）［網掛け］は愛知県と提携関係などにある高等教育機関

清華大学と覚書調印（邱勇学長（当時）と）

をどんどん吸収したい。

　中国では上海で上海交通大学と、杭州では阿里巴巴集団（アリババグループ）と密接な関係にある浙江大学とも、それぞれスタートアップ育成や人材交流などの包括協定の覚書を結んだ。中国の4大エコシステム（北京、上海、杭州、深圳《しんせん》）のうち、3地区の中核大学とのパイプが整ったことになる。

　シンガポールの提携先、シンガポール国立大学は清華大学と並ぶアジア最高峰の大学だ。建国以来、絶えず移民を受け入れ、国民のおよそ4割が移民というグローバル国家シンガポールは、OECD（経済協力開発機構）の世界81カ国・地域の15歳を対象にした学力到達度調査（PISA、2022年）で、「読解力」「数学応用力」「科学応用力」の3分野ともに首位というエリート国家でもある。大学の関連機関は「BLOCK71」というスタートアップ支援施設も運営している。

　シンガポール国立大のお二人のタン総長（タン・チョー・チュアン総長（当時）、タン・エン・チャイ総長（現在））には、2016年から何度もお目にかかったが、いつも「ダイバーシティでグローバルな移民のもたらす活力」を痛感させられる。グローバルなエリート国家が誇る最高学府には、日本とはまったく異なる発想やアイデアが眠っているに違いない。

　アメリカでは、テキサス大学オースティン校と提携し、また世界有数のテックイベントSX

タン・シンガポール国立大学総長（現在）と意見交換

ＳＷ（サウス・バイ・サウスウエスト）などのノウハウを吸収したい（「４・テックイベントを起爆剤に」で詳述）。ビジネススクールでは、仏ＩＮＳＥＡＤと提携した。ＩＮＳＥＡＤはパリ郊外のフォンテーヌブロー、シンガポール、アブダビ、サンフランシスコに拠点を抱える文字通りグローバルなビジネススクールである。ＩＮＳＥＡＤの多様性に富んだコーチ陣によって、有望なアントレプレナーらが育つと期待している。

「STATION F」インターンシップ生（真ん中右）と面談

数多くの最高峰とのパイプは整った。あとはイノベーションを起こす、多種多様な仕掛けを、縦横無尽に導入すればよい。すでに先行準備施設「ＰＲＥ‐ＳＴＡＴＩＯＮ Ａｉ」を中心に、起業家養成、人材交流、マッチング、世界展開などのあの手この手の施策を精力的に進めている。

起業家養成では、シンガポール国立大学の養成プログラムなどを実施。人材交流では、「STATION F」のインターンシップ生の受け入れ、TUSホールディングスへの県庁職員の派遣をはじめ、浙江大学などとの学生交流などに取り組んでいる。シンガポール国立大学の「BLOCK71」も「STATION Ai」に「BLOCK71 NAGOYA」として入居する予定となっている。

マッチングでは、シンガポール国立大学発のスタートアップとの連携、TUSホールディングス、上海交通大学、浙江大学を通じて中国のビジネスパートナーとの提携、シンガポールで開かれたアジア最大級のテックイベント「SWITCH」への参加などで、イノベーションやビジネスチャンスを創出する。世界展開では、テキサス大学オースティン校、清華大学のTUSホールディングスなどで、人材を送り込んで経営に関与するハンズオン型を含め、海外への進出を促進する。

これら、一つひとつは「点」の試みである。だが、いずれ「線」につながり「面」となり、変革のうねりとなるに違いない。「STATION Ai」という場で、世界の多様な才能、知見、アイデアなどを、愛知の学生、若手起業家、経営者らと、ごちゃごちゃに混ぜ合わせる。最高峰とかき混ぜ、その混沌の中から、イノベーションを巻き起こす。

提言2

◎イノベーションは「異質さ」からを肝に銘ぜよ

◎「STATION Ai」で世界最高峰の大学・研究機関・経営大学院と交流せよ

◎生徒・学生から起業家、経営者、大企業、金融機関まで参画させよ

◎起業家養成、人材交流、マッチング、世界展開など多様な手法をとれ

３ ファイナンスの奔流を

ＡＩという言葉で検索してネットサーフィンをしていると、笑顔で両手を可愛く広げる黄色い絵文字に行きつくことがある。ＡＩ開発・機械学習支援のユニコーン（時価総額10億ドル以上、原則創業10年未満の未上場企業）、ハギングフェイス社のサイトだ。

実は同社は２０１７年、仏スタートアップの揺り籠「ＳＴＡＴＩＯＮ Ｆ」の支援プログラムに参加した４人の若者が作った会社である。２０２４年3月時点で、推定時価総額は45億ドル（邦貨換算約６０００億円）に達し、堂々たるユニコーンに育った。

ハギングフェイスのロゴ
（データ提供：Hugging Face）

「ＳＴＡＴＩＯＮ Ｆ」は２０１７年の発足から5年で、スタートアップ５０００社以上を輩出し、18億ユーロ（約２７００億円）の調達に成功している。わずか5年での目覚ましい成果といえるが、それでもユニコーンはハギングフェイス１社が生まれたに過ぎない。

スタートアップは次々に誕生するが、成功して生き残るのはわずかで、ユニコーンになれるのは極めて稀だ。なぜか。

多様な起業家が、いくつものビジネスシーズ（種）を見出し、さまざまに挑戦する中から、イノベーションが生まれる。裏を返せば、多くは途中で頓挫し、イノベーションを果たすのは、ほんのひと握りだ。スタートアップが「多産多死」「千三つ（1000社のうち3社が成功）」の世界といわれる由縁だ。

「うまくいくと思ったが、技術的な壁があった」「市場を開拓するまで資金が続かなかった」という声に溢れている。シーズ段階からアーリー、レイター段階へと進む成長ステージは、コストが先行し、赤字が続きがちだ。これを支え続けるファイナンスが、イノベーションには極めて重要だ。折しも、日経平均株価が史上最高値を更新し、株式市場に大量のマネーが流入している。円高不況対策の金融緩和と円売り介入マネーが流れ込んだバブル経済期と同様に、現在は、コロナ対策の緩和マネーが流れ込む異常状況ではあるものの、少しでもスタートアップに資金が向かうようにしなければいけない。

しかし日本のスタートアップに対するファイナンス環境は、お世辞にも褒められたものではない。スタートアップの資金調達環境を比べるには、各種指標があるが、ベンチャーキャピタル（VC）の投資額をドル建てで国際比較してみよう。2022年実績をみると、日本の投資額は約26億ドルと、アメリカの100分の1、中国の15分の1に過ぎない。2022年には、利上げが進ん

ＶＣ投資の国際比較（単位：億ドル）

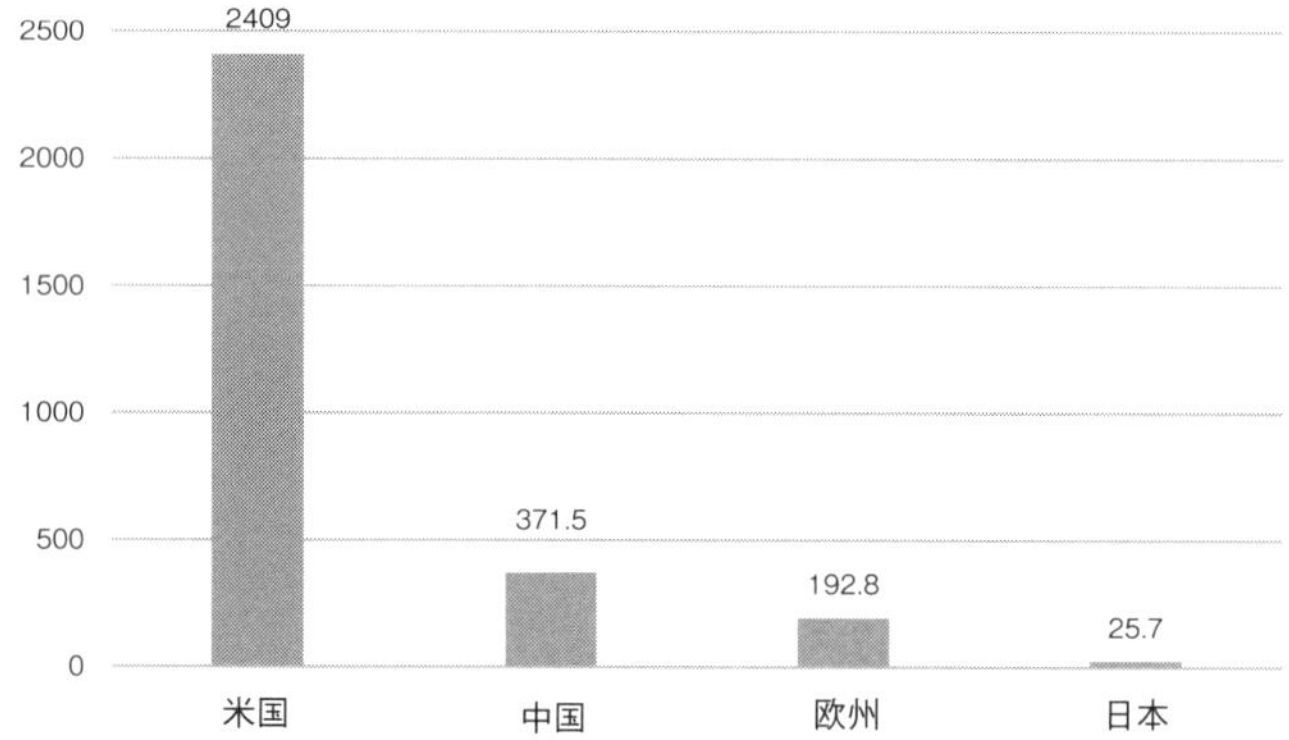

注）NVCAの「YEARBOOK2023」、InvestEuropeの「investing in Europe2022」、清科研究中心の「2022年中国股权投资市场研究报告」、一般法人ベンチャーエンタープライズセンターの2022年統計から作成。外国為替相場は年間平均でドル建てに換算

だアメリカでＶＣ投資が冷え込んだ点を勘案すると、日米の差はグラフ以上にあると考えるべきだ。

しかも、日本のスタートアップの資金調達額を都道府県別にみると、東京だけが突出し、あとはドングリの背比べである。とても経済規模を反映した金額ではない。「過去10年で日本のスタートアップの金融環境は随分改善した」といわれるが、まだまだ見劣りしているのが実態だ。

「ＳＴＡＴＩＯＮ Ａｉ」開設を好機とし、愛知のファイナンス環境を激変したい。すでに愛知県、名古屋市、ソフトバンク、三菱ＵＦＪ銀行、十六銀行、名古屋銀行、東海東京インベストメント、愛知銀行、中京銀行、八神製作所、碧海信用金庫、岡谷鋼機、中央可鍛工業、中日新聞社、よしもと統合ファンドと、ソフトバンクグループのＶＣであるディープコア（本社東京）が組んで、「ＳＴＡＴＩＯＮ Ａｉ

Central Japan」1号ファンド（15億円）を組成。「STATION Ai」に入居する予定の、AI活用型スポーツ事務のOptFit社（本社名古屋市）や、AI骨粗しょう症検査のiSurgery社（本社東京）などへの投資を始めた。

愛知銀行と中京銀行がスタートアップ支援ファンド（10億円）を組成するなど、ファンド造成の動きも相次ぐ。愛知県は首都圏のVCを対象に認定する「あいちパートナーVC」数を増やし、定期的に愛知に招いて、スタートアップの資金調達機会を創設している。名古屋市が市内に拠点を置く創業10年以内の企業の賃料を助成するなど、初期コストを低減する施策も動き出した。官民で造成したファンドを種火に、スタートアップへのファイナンスを、燎《りょう》原《げん》の火のごとく燃え上がらせたい。

そのために、1200兆円の借金を抱えた政府（国・地方）部門だけでなく、大幅な黒字となっている企業部門や家計部門のマネーの活用を提案したい。企業・家計部

都道府県別のスタートアップ資金調達額（単位：億円）

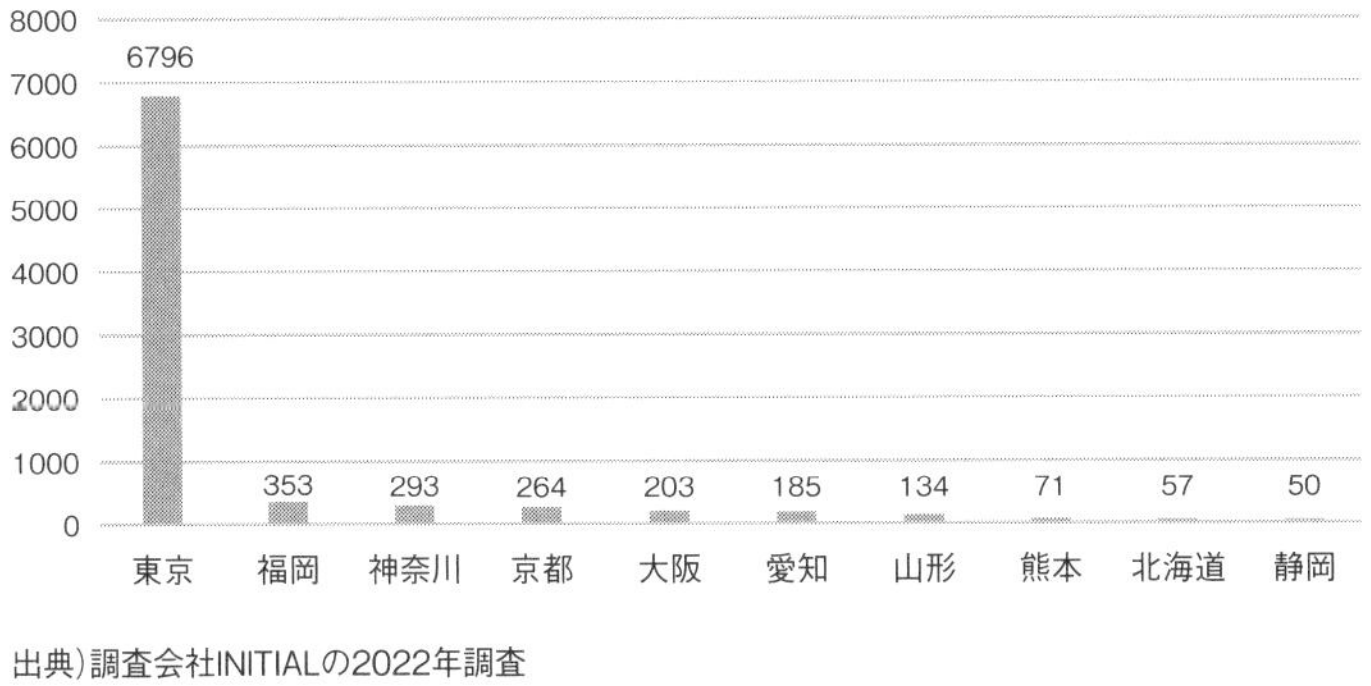

出典）調査会社INITIALの2022年調査

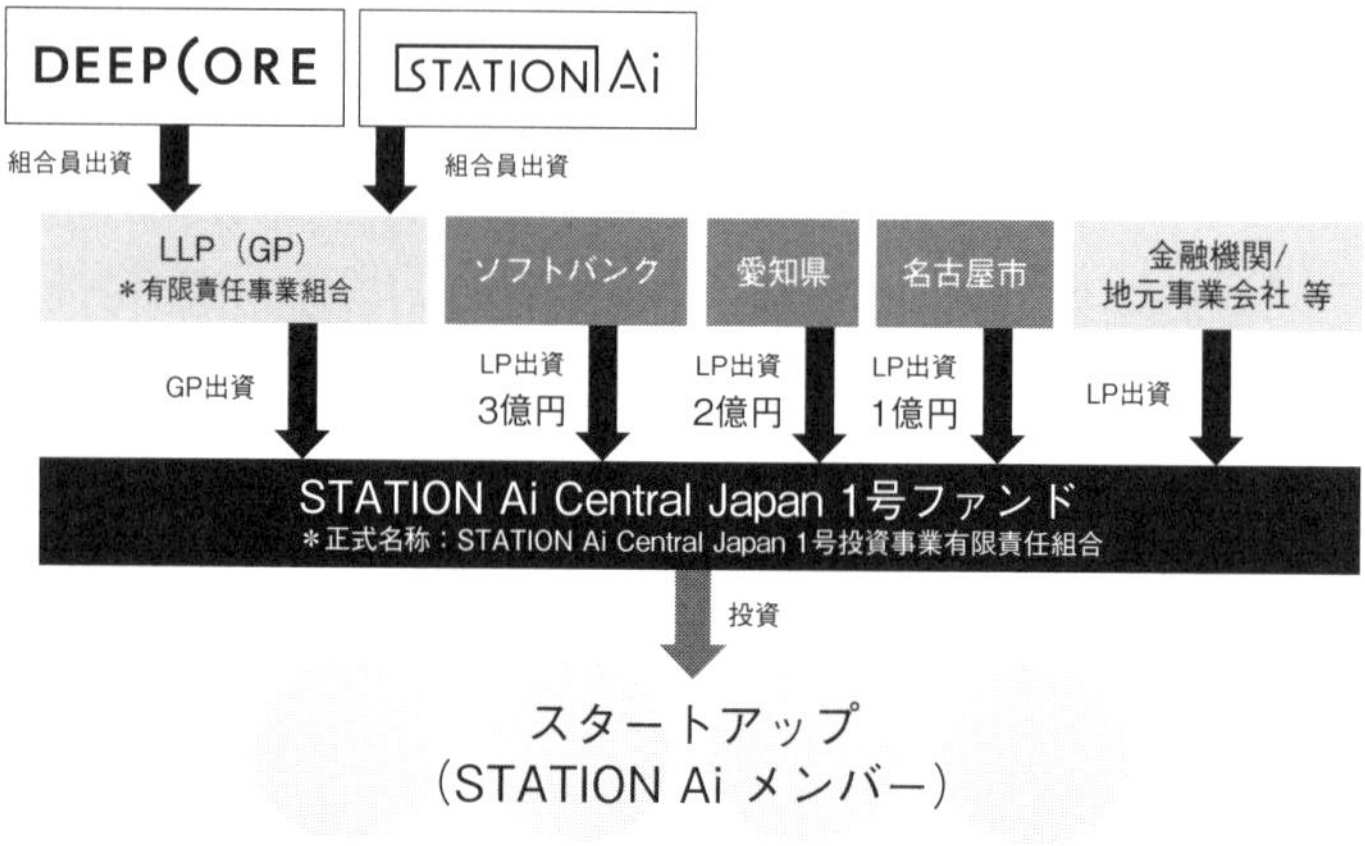

1号ファンドの仕組み

門の豊富な資金をリスクマネーに向ける必要がある。なかでも有望なのが、大手企業や地域金融機関などが資金を拠出して独自に組成するコーポレート・ベンチャーキャピタル（CVC）である。

CVCを活用すれば、大手企業は自社事業と相乗効果を見込めるスタートアップなどに投資し、有望な新規事業を開拓・囲い込みできる。スタートアップの新技術・サービスを使って自社や取引先の事業効率化につなげる利点もあるだろう。東京に偏在するVCを愛知に増やし、投資家の層を厚くするには、最も有効な手法だと期待している。

日本では上場（IPO）がスタートアップのゴールのようにいわれる。しかし目標はそれだけではない。スタートアップの世界では、リーン（Lean）開発が主流とされる。リーンとは「余分な脂肪がなく引き締まった、スリムな」という意味で、必要最小限の経営資源だけに集中し、徹底的なコスト削減で技術やサービスを創り、顧客満足度をあげる手法である。もともとトヨタ自動車など日本の自動車産業の強さを探るため、1990年に、マサチューセッツ工科大学（MIT）のジェームズ・P・ウォマック（James P. Womack、1948年〜）研究員らが発表した概念だ。

スタートアップはリーン開発が主流だから、特定分野で光るビジネスが多く、M&A（買収合併）の対象となりやすい。すでに先行準備施設「PRE-STATION Ai」の支援を受けたスタートアップの中には、eスポーツ大会支援のPapillon社（パピヨン）のように、買収される事例も出ている。「STATION Ai」に入居予定のスタートアップのうち、2023年末までに、大手企業などとのPoC（実証実験）件数が6件、業務提携や共同研究などに乗り出した件数は34件にのぼる。

M&Aや業務提携など、いくつものゴールがある。スタートアップの隆盛は、愛知の大手企業にもビジネスチャンスが広がることを意味する。CVCを活用し、愛知が誇るモノづくり企業群とスタートアップの連携・提携の動きが広がれば、いずれ愛知の産業構造の改革につながっていくはずだ。

もうひとつ、家計部門の資金をより幅広く活用する、クラウドファンディング（CF）など寄付制度も大いに活用したい。日本の個人寄付額は欧米に比べて、見劣りするといわれて久しい。

個人寄付額の対ＧＤＰ比率の比較(単位:%)

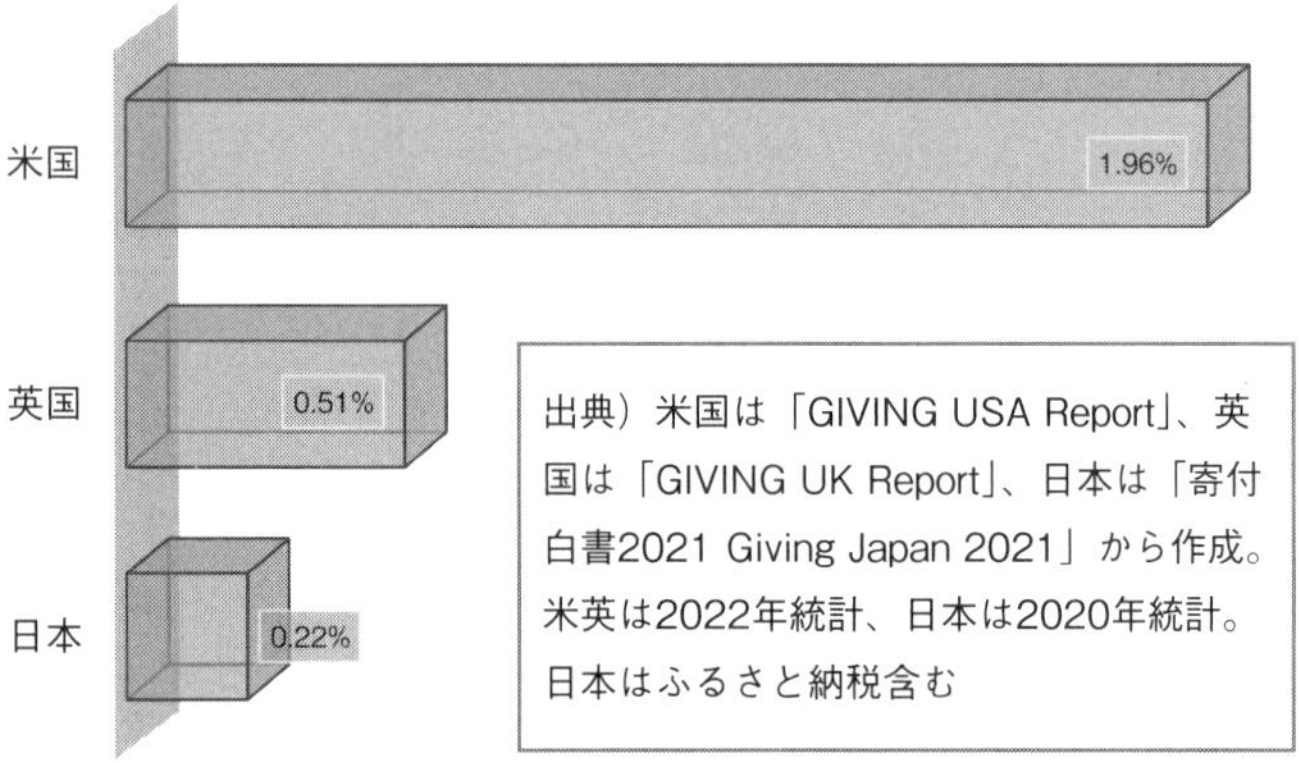
米国
1.96%
英国
0.51%
日本
0.22%
出典）米国は「GIVING USA Report」、英国は「GIVING UK Report」、日本は「寄付白書2021 Giving Japan 2021」から作成。米英は2022年統計、日本は2020年統計。日本はふるさと納税含む

個人寄付額の対ＧＤＰ比率を示した上図の、日本の寄付額には返礼品目的のふるさと納税も含まれており、日米の差はもっと大きいと考えねばならない。

欧米との差について、「宗教的な理由」とか「日本に寄付文化がない」と指摘されてきたが、そんな悠長なことをいっている場合ではない。なぜ高所得者の寄付意識が低いのか。どうして寄付金控除を認められた団体（日本約３万、アメリカ１３０万超）が日本は少ないのか。なぜ日本には老後の資産形成に向けて寄付年金がないのか。国は税制を含め、大胆な誘導政策を進めるべきだ。同時に、ＣＦをうまく活用したスタートアップの海外事例を研究し、そのノウハウを導入して成功事例を増やしていきたい。

世界のＣＦの最大の成功例とされるのが、腕時計型ウエアラブル端末の先駆けとなった米ペブルテクノロジー社だ。２０１２年、同社は想定の１００倍の

1030万ドル（当時の換算レートで11億円強）を約7万人から調達するのに成功した。出資者らが利用者となって次々に製品の改善提案をしたことで、資金調達と同時にマーケティングにも成功した。

だが、そのペブル社は米フィットビット社に買収され、そのフィットビット社もグーグル傘下に入った。M&Aのたびに、マネーが動き、ビジネスチャンスが広がる。「STATION Ai」1号ファンドの造成は小さな一滴の雫に過ぎない。この雫がビジネスを次々と生み、やがて流れとなり大河となるよう、ファイナンスの奔流を起こさねばならない。

提言3

◎起業は「多産多死」だと周知せよ
◎ファンド造成、CVCでファイナンスの東京一極集中を是正せよ
◎クラウドファンディングを活用する手も
◎目標は上場だけではない。M&A、提携、共同研究など多様なゴールをめざせ

4 テックイベントを起爆剤に

残念なことがある。毎年3月、テキサス州都オースティンで、最先端技術や音楽・映画などの世界最大級の複合イベント「SXSW（サウス・バイ・サウスウエスト）」が開かれる。愛知県とテキサス州との間で相互協力に関する覚書を結んだ私としては、一度は訪れ、じっくりと視察して回りたい。だが毎年この時期は、予算審議などで極めて大切な2月定例県議会と重なる。これは如何ともし難い。2023年5月のテキサス訪問の際などに、SXSW主催団体のディレクター、ヒュー・フォレスト氏ら幹部から詳しい説明を受けたり、愛知から派遣した大学生らの帰国報告などを伺ったりすることで、臨場感を味わうようにしている。

SXSWは1987年、テキサス大学オースティン校の学生が、インディーズ音楽をオースティンという地方から全米へ売り出そうと始まった。当初は参加700人の小規模イベントだった、という。それが劇場から小径まで街全体がすべてライブ会場という楽しさに魅せられて活況となり、1994年にフィルム（映像）部門、1998年にはネット関連のインタラクティブ（双方向）部門などを加え、アートとテックの総合イベントへと成長した。

SXSWに派遣する学生達と

SXSWディレクターのフォレスト氏と意見交換（オースティンにて）

「SXSW」の概要

内容	世界最大級のテック・アートの総合イベント
開始時期	1987年
開催地	アメリカ　テキサス州オースティン
開催時期	毎年3月（コロナ禍の2020年は中止、21年はリモート開催、22年以降はリアルとリモートの併催）
特徴	「インタラクティブ（デジタル技術などのイノベーション）」「音楽」「フィルム（映画・映像）」「コメディ」などの分野ごとにイベントを開催。テキサス大学オースティン校はじめ、劇場、街中などオースティンの街全体が祭典の会場となる
主催団体	分野ごとに民間会社に運営を委託。インタラクティブ部門はＳＸＳＷ社が担当
参加者数	毎年30万～40万人（コロナ前の2019年に40万人超を記録）

特に２００７年、ツイッター社（現Ｘ、２００６年創業）が、ＳＸＳＷでの受賞を機に急成長したことで転機を迎える。２００８年に民泊サービスのAirbnb社（エアビーアンドビー）、２００９年に位置情報アプリのFoursquare社（フォースクエア）が世に出る契機となり、アップル社が音声アシスタントのＳｉｒｉを発掘する場ともなった。ＳＸＳＷは堂々たる「スタートアップの登竜門」となったのだ。

２０２４年の会期は濃密な９日間だった。著名ＩＴ企業や大手グローバル企業からスタートアップ、学生まで幅広い参加者が新技術やアイデアを展示。スタートアップや起業家が自前の技術やアイデアを競うピッチイベント（コンテスト）を筆頭に、基調講演、シンポジウム、交流会などが開催され、大手企業やＶＣ、投資家などが鵜の目鷹の目で、次代のツイッター（Ｘ）やＳｉｒｉを探し回る。毎年の参加者は30万～40万人。ＳＸＳＷは文字通り、世界が注目するイノベーションの祭典なのである。

愛知県では２０１８年から、学生（起業家の卵）をＳＸＳＷのピッチイベントへ派遣する事業を始めた。２０２３年には、豆の付加価値を高める発酵コーヒーを開発した名大大学院の竹本悠人君と、画面上に投影されたプレゼン発表者のジェスチャーで画面操作できるツール（マウス不要）を開発した豊橋技術科学大学の高橋遼・菅原光の両君を派遣した。「大学生活では決して会えないたくさんのコネクションができた」「自分達のサービスが国外に評価されるということが分かった」との報告を聞くと、派遣事業の手ごたえを感じて

SXSWに出展する愛知の学生たち

いる。

ＳＸＳＷの凄味は、「無名の若手の創造性を支援する」という軸は貫いているものの、音楽から映像、テックなどへとどんどん増殖している点にある。２０１４年からゲーム賞、２０１７年からコメディ部門が加わり、多様ないくつもの顔をもっている。

最先端を逃さない変化の速さも、ＳＸＳＷの強みだ。コロナ禍を経て、本格的に再開した２０２２年のＳＸＳＷでは、データを分散管理する「Ｗｅｂ３」や本物であることをデジタル技術で証明する「ＮＦＴ（非代替性トークン）」が話題の中心だった。それが２０２４年の関心は、ＣｈａｔＧＰＴなどのコンテンツをつくる「生成ＡＩ」や「気候テック」に完全に様変わりした。融通無碍《むげ》ともいうべき柔軟性や、最先端を逃さない嗅覚は、愛知でテックイベントを開催するにあたって大いに参考になる。

もうひとつ、ＳＸＳＷから学ぶべきは、テックイベントを機に、オースティンが都市として大きく成長した点だ。ＳＸＳＷ開催以降、アップル社、デル社、インテル社、サムスン電子などの大企業が拠点を構え、テスラ社やオラクル社はオースティンに本社を移した。オースティンの人口（２０２４年時点で約98万人）は１９８７年から２０２４年までに２倍強に伸びている。

ＳＸＳＷの開催で、テック都市として、オースティンのブランド力が大きく向上した点が大きい。もちろんシリコンバレーなどに比べたコスト（人件費、地価、物価、税金など）の安さ、テキサス

欧州最大規模に成長したビバ・テクノロジー
Viva Technology Paris 2023 ©Viva Tech 2023

大学オースティン校などの教育機関の充実、アメリカのほぼ中央に位置する利便性なども幸いしている。

ＳＸＳＷに負けじと、フランスでは２０１６年から毎年６月、パリで先端技術に特化したイベント「ビバ・テクノロジー（Viva Technology）」が開催されている。内外の約３０００の企業・機関がスタートアップの新技術やサービスの展示を競うほか、講演会、シンポジウム、インキュベーションプログラム、投資相談会などが集中的に開かれる。

会場には毎回、マクロン大統領が登場。２０２３年は、夏季オリンピック開催を控え、スポーツテックなどの特設コーナーなどもあったが、やはりアメリカのテックイベントとは異なり、エコや気候変動に対応したブース

「Aichi Sky Expo（愛知県国際展示場）」の概要

開設時期	2019年8月
場所	常滑市の中部国際空港島内（常滑市セントレア5丁目10番1号）
規模	敷地面積約28万平方メートル、延床面積約9万平方メートル、展示面積6万平方メートル（東京ビッグサイトや幕張メッセなどに次ぐ日本第4位）
施設・設備	6展示ホール、18会議室、屋外多目的利用地（約3万6000平方メートル）、駐車場（3447台収容）、フードコート、ショップ、ビジネスセンターなど
管理・運営主体	愛知国際会議展示場㈱（仏大手イベント会社のGLイベンツSAと前田建設工業㈱の共同出資会社）
利用目的	展示会、コンサート・フェス、式典学会、ゲームイベント、握手会、スポーツ・eスポーツイベント、試乗会、撮影会、試験会場など
アクセス	中部国際空港から徒歩約5分、名鉄名古屋駅から約30分、名古屋市内から車で約30分、リムジンバスで約50分
特徴	日本初の空港直結型の国際展示場、日本で唯一の常設保税展示場

Aichi Sky Expoでの展示会

が充実していた。2023年の入場者数（期間4日）は世界174カ国から約15万人と、発足後わずか7年で欧州最大級のテックイベントに成長した。フランスでは、ビバ・テクノロジーを機に、新たなスタートアップが生まれ、新ビジネスが広がり、イノベーションの芽が育ち始めている。

愛知にはセントレア（中部国際空港）島内に、2019年開業の愛知県国際展示場「Aichi Sky Expo」という大展示場がある。国際空港からわずか徒歩5分というアクセスの良さで、これほど国際イベントに適した立地はない。今秋の「STATION Ai」開設のタイミングをとらえ、SXSWをお手本にしたイベントを愛知で定期的に開催し、日本を代表するテックイベントに育てていきたい。

SXSWのインタラクティブ部門のヒュー・フォレスト・ディレクターは「STATION Aiの開設は大変興味深く、共同して実施できるプロジェクトを考えていきたい」と述べており、連携の道筋を探っていきたい。

第二次世界大戦後、すぐに始まったハノーバー・メッセをはじめ、世界には、スタートアップに関連したテックイベントが数多い。しかもSXSWの歴史をみても、すぐに好結果が出ると期待しない方がいい。しかしテックイベントには、最先端の技術、ビジネスのヒント、思わぬ人との出会い、海外進出のチャンスなどが眠っている。定期的な開催を続け、小さな変化を積み重ね、本物のイノベーションにつなげていきたい。

世界の主なスタートアップ関連イベント

イベント名	開始年（開催時期）	場所	内容
ハノーバー・メッセ	1947年（毎年4月）	独・ハノーバー	世界最大規模の製造業の展示会。戦後のドイツ復興策の一環としてスタート。最近は水素・燃料電池、量子技術、ロボット、５Ｇなどに注力
CES（コンシューマー・エレクトロニクス・ショー）	1967年（毎年１月）	米・ラスベガス	もともと世界最大規模の家電展示会。近年、自動車メーカーが自動運転車やＥＶを出展し、スタートアップ専門エリアも開設される
SXSW（サウス・バイ・サウスウエスト）	1987年（毎年３月）	米・オースティン	テックとエンターテイメントの複合イベント。「音楽」「フィルム」「インタラクティブ」などの部門に分かれる。「スタートアップの登竜門」
テック・クランチ・ディスラプト	2008年（毎年９～10月）	米・サンフランシスコなど（ニューヨーク、ロンドンなどでも開催）	シリコンバレー発のテック・イベント。スタートアップメディアが主催。ＳＸＳＷと並ぶ「スタートアップの登竜門」
スラッシュ	2008年（毎年11-12月）	フィンランド・ヘルシンキ	北欧最大級スタートアップイベント。学生が主催、エコに重点をおく
テックソース・グローバル・サミット	2012年（毎年8月）	タイ・バンコク	タイ最大のスタートアップ展示会
4YFN（4イヤー・フロム・ナウ）	2014年（毎年2～3月）	スペイン・バルセロナ	世界最大のモバイル技術展示会MWC（モバイル・ワールド・コングレス）に併設する形で開催。４ＹＦＮは「これから４年で期待できる」の意味
ビバ・テクノロジー	2016年（毎年5～6月）	仏・パリ	欧州最大規模のスタートアップ展示会。フレンチ・テックを象徴するイベント
ノース・スター・ドバイ	2016年（毎年10月）	ＵＡＥ・ドバイ	中東・アフリカ最大のＩＴ展示会「ＧＩＴＥＸ」から派生した「ＧＩＴＥＸ　フューチャー・スターズ」の名称でスタート。ＩＴ、フィンテック、アグリテック、スポーツテックなどが参加。
コリジョン	2019年（毎年6月）	カナダ・トロント	スタートアップ展示会。同一主催者がポルトガルで「ウェブ・サミット」、香港では「ＲＩＳＥ」の名で同様のスタートアップ・イベントを開催

オースティンには「Keep Austin Weird（風変わりなままでいよう）」という、珍奇さなど多様性を貴ぶ気風が脈々と伝わっているそうだ。愛知にも、世界に冠たる「モノづくり」の伝統がある。これを基軸にした愛知テックイベントをイノベーションの起爆剤にしたい。

提言4

◎スタートアップ育成にはテックイベントが有効
◎モデルはテキサス州オースティンの「SXSW」
◎国際展示場「Aichi Sky Expo」を活用せよ
◎テックイベントを街づくりにも活かせ

5

新たながん克服拠点を

「ここから見えるピンク色の建物がすべてMDAです」。こう説明を受け、壮大な景観に正直、驚かされた。2023年5月、テキサス州ヒューストンのMDアンダーソンがんセンター（MDA）を訪れた。いわずと知れた、世界最高峰のがん治療・研究拠点である。

がん撲滅を使命とし、治療・患者ケアから研究、教育・啓発、予防活動までを担う包括的がんセンターであり、20を超える病棟、外来棟、研究棟、予防棟などが近代ビル群を成している。外壁の淡いピンク色は、初期病棟に使われた大理石の色に由来しているそうで、「暖かみ」「癒し」「安心」を連想させるとして現代の病棟にも採用され続けている。

MDアンダーソンがんセンターは、綿花取引で財を成した銀行家、モンロー・アンダーソン（Monroe D. Anderson、1873～1939年）が亡くなる数年前に私財を投じて設立した慈善団体が母体という。1941年にテキサス州立がん病院として発足し、当初はボランティア医師によるパートタイムのクリニックだったそうだ。

1946年、外科医R・リー・クラーク（R. Lee Clark、1906～1994年）が理事長に就

MDアンダーソンがんセンターのビル群

いて躍進を始める。治療のみならず研究、教育、患者ケアまで実施する「包括的がんセンター」という革新的概念を導入し、オイルマネーの流入もあって急速に発展した。「包括的」という概念は、1971年制定の米国がん対策法(National Cancer Act)に活かされ、がん対策の中心的考え方として現代に受け継がれている。

1950年にはアメリカ初の放射線療法(コバルト60照射)を始め、先進的医療や研究水準の高さに定評がある。最近では「免疫チェックポイント阻害因子の発見と、がん治療への応用」で、京大の本庶佑特別教授とともにMDA教授のジェームズ・アリソン博士(James P. Allison、1948年〜)がノーベル生理学・医学賞を受けた。

「MDアンダーソンがんセンター」の概要

事業内容	がん医療・臨床拠点
正式名称	テキサス大学MDアンダーソンがんセンター(1988年以降)
発足時期	テキサス州立がん病院として1941年発足
場所	米テキサス州ヒューストン
特徴	治療、患者ケア、研究・教育、予防などの包括的がんセンター。世界やアメリカ国内の医療機関ランキングで常に上位を占める。
病床数	743
職員数	2万2088人
うち医師数	1825人
年間患者数	年間17万4126人
年間手術数	2万2977
総治験数	1600(参加患者9684)
特許取得数	195

注)数値は2022年基本データ、特許数は2021年

2022年統計では、職員数約2万2000人(うち医師約1800人)、年間患者数17万4000人、年間手術数は2万2000件と、いずれもアメリカでトップ水準にある。クオリティ・規模ともに、がん克服に取り組む世界で抜きん出た存在だ。

当然、世界的に評価が高い。米ニューズウィーク誌の「世界の良い専門病院2024」では、世界首位である(日本では国立がん研究センターが世界15位、日本首位)。アメリカ国内の病院ランキングとして著名なUSニューズ&ワールドレポート誌のがん部門でも、2位に甘んじることがたまにあるが、ほとんど首位の座から落ちたことがない。

テキサス州の凄さは、MDアンダーソン

世界のがん病院ランキング上位

NW誌世界専門病院ランキング2024（2023年7月）		
1	MDアンダーソンがんセンター	米ヒューストン
2	スローン・ケタリング記念がんセンター	米ニューヨーク
3	メイヨ・クリニック	米ロチェスター
4	ギュスターブ・ルシー	仏ビルジュイフ
5	サムスン医療センター	韓ソウル
6	ソウル峨山（アサン）病院	韓ソウル
7	英王立マースデン病院	英ロンドン
：		
15	国立がん研究センター	東京
33	がん研究会有明病院	東京

USNews誌米がん病院ランキング2024（2023年8月）		
1	MDアンダーソンがんセンター	米ヒューストン
2	スローン・ケタリング記念がんセンター	米ニューヨーク
3	メイヨ・クリニック	米ロチェスター
4	ＵＣＬＡメディカルセンター	米ロサンゼルス
5	ダナ・ファーバーがん研究所	米ボストン
6	ペンシルベニア大学病院	米フィラデルフィア
7	ＵＣＳＦメディカルセンター	米サンフランシスコ
8	シティ・オブ・ホープ総合がんセンター	米ドゥアルテ
9	ジョンズ・ホプキンス病院	米ボルチモア
10	クリーブランド・クリニック	米クリーブランド

注）NW誌ランキングは世界7位、日本は50位以内、USNews誌ランキングは米10位までをそれぞれ表示

「TMC」の概要

内容	世界最大の医療タウン・クラスター
設立時期	１９４５年
場所・広さ	テキサス州ヒューストン南部に位置し、約５６０ヘクタール
運営主体	非営利団体のＴＭＣ
特徴	医療研究機関、総合・専門病院、医科・歯科・薬科大学、医療・看護師スクール、イノベーション機関、公衆衛生機関、医療行政機関など
ＴＭＣ内の著名機関	MDアンダーソンがんセンター、ベイラー医科大学病院、メモリアル・ハーマン病院など
患者数	年間1000万人以上
雇用者数	10万人以上
病床数	9000以上

がんセンターを中核に、テキサス・メディカル・センター（ＴＭＣ）という医療都市を築きあげたことだ。約５６０ヘクタールという鶴舞公園23個分の敷地に、医大、歯大、薬科大、総合・専門病院、医療研究機関、医療・看護師スクールなどが立地し、数多くのホテルも隣接する。

ＴＭＣ内には、心臓外科のベイラー医科大学病院、緊急時のドクターヘリを世界で初めて導入したメモリアル・ハーマン病院など超弩級の医療機関が軒を連ねる。がん治療、心臓治療、臓器移植、小児病治療、遺伝子医療、救急医療、メンタルケア、医療機器開発、公衆衛生などあらゆる分野をカバー。ヒューストン空港にはＴＭＣ専用ラウンジがあり、かつて「アラブの王様に会いたければ、ヒューストンのＴＭＣへ行け」といわれたほどだ。

ＴＭＣがいま注力するのが医療・ヘルス分野のス

タートアップ育成だ。TMC内に、揺り籠機関「イノベーションファクトリー」を設け、内外の医療・バイオ分野のスタートアップに対する支援プログラムを実施。約300社の治療、診断、医療機器、デジタル医療のスタートアップ企業が参加している、という。2023年の視察時には、新たに「ヘリックス・パーク」というイノベーション拠点の整備に取り組んでいる、との説明を受けた。

翻って、愛知県の死因をみると、「がん(悪性新生物=腫瘍)」が圧倒的に多く、県民のほぼ4人に1人ががんで亡くなっている。最近の高齢化で「老衰」が急速に増えてきたものの、老衰のほぼ倍の方ががんで死亡。1980年に「脳血管疾患」を抜いて死因

増え続ける県内のがんによる死亡(単位:人)

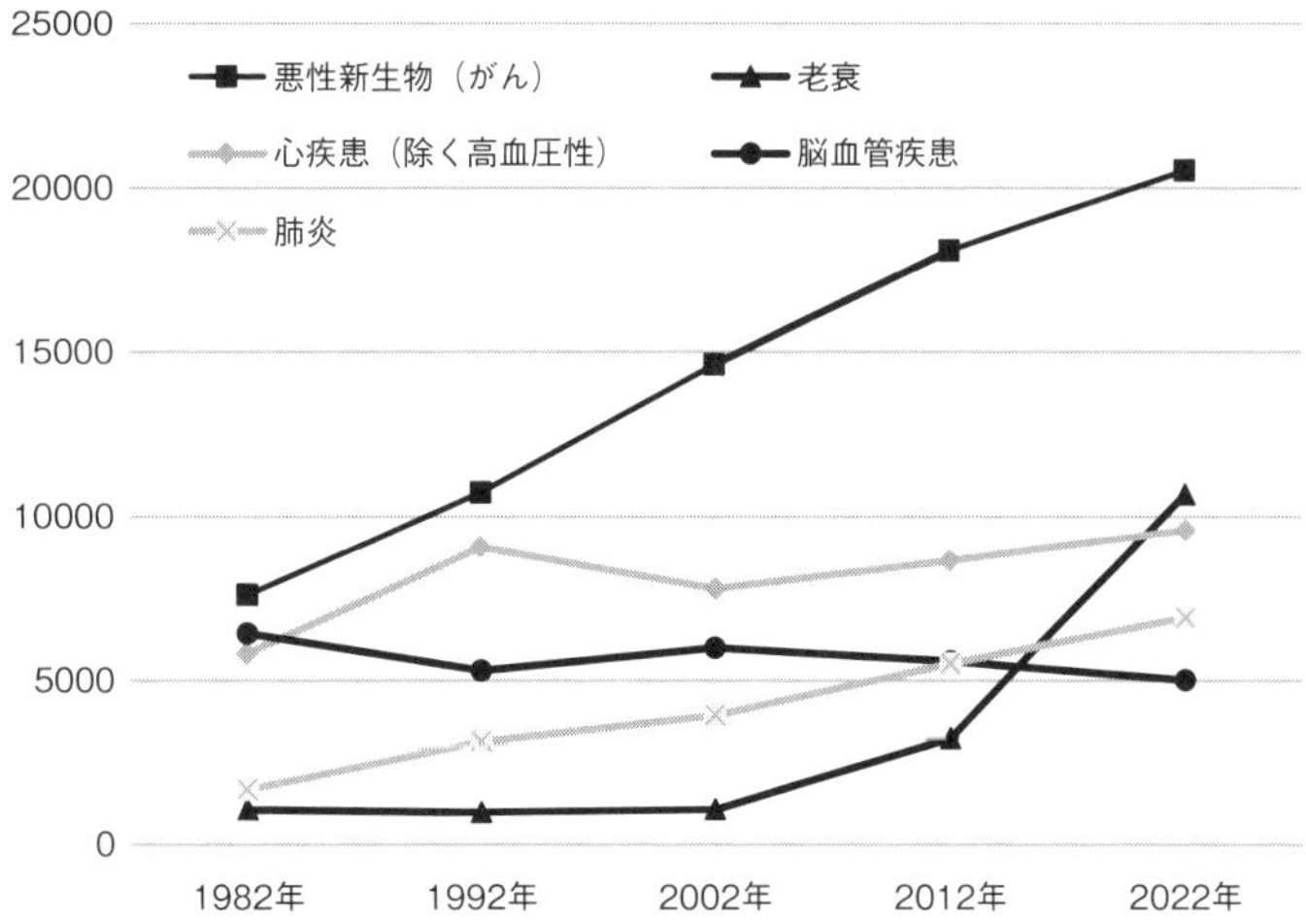

出典)愛知県人口動態統計の「特定死因別死亡数」より抜粋、2022年の肺炎には誤嚥性肺炎を含む

第1位となって以来、がんによる死者は増え続けている。愛知県民の生命、健康、暮らしを守るために、がん克服は挑戦しなくてはいけない大きな課題である。

医療を含め、あらゆる政策課題に対処するには、スタートアップを介在させ、イノベーションを起こして解決すべきである。これが私の持論だ。がん克服もイノベーションなくして成立しないし、イノベーションが起きれば、治療や予防だけでなく、新たな産業・雇用・豊かさにつながる。

現代のがん医療は細分化し、治療法や治療薬の進化は急速だ。治療薬ひとつをとってみても、本庶佑特別教授らが道を開いた免疫チェックポイント阻害薬、患者の免疫細胞を活用するCAR-T細胞、腫瘍溶解性ウイルス、がんワクチンなど数々の薬や手法が日進月歩である。リモート医療やロボット医療などの面では最先端IT、デジタルなどの知見が不可欠だ。

がんでは、難治性を中心に、治療より予防の大切さがよく説かれる。そのがん予防医学でも、遺伝子レベルで、ひとり一人のリスクを予測するゲノム医療やバイオ予防技術が発達している。女優のアンジェリーナ・ジョリーさんがゲノム予防検査に基づき、乳房と卵巣・卵管の手術を受けたことは有名だ。

こうした膨大な技術革新には、高い専門性と先端技術が必須で、大手企業よりもスタートアップが切り拓くケースが少なくない。コロナワクチンの開発をスタートアップが成し遂げたことが、その証左である（「2・最高峰とかき混ぜる」を参照）。

愛知県がんセンター

奇貨とすべきは、愛知県がんセンターの建て替え時期が近づいていることだ。1964年の発足後、県がんセンターは国立がん研究センターと並び、日本を代表する総合がんセンターであった。しかし全国に相次いでがんセンターが整備されたうえ、最近は築30年が過ぎ、施設の老朽化が目立つ。

建て替えを機に、がん克服の新たなセンター拠点としたい。現在でも日本有数のレベルを、先端医療、緩和医療、研究、予防、関連機器開発、研修・教育のすべての分野で、世界最高水準にまで引き上げる必要がある。県内がん医療の中核施設となり、医療機関と自治体とネットワークを結び、リモート医療やAI医療などITによるスマート医療の推進を急がねばならない。特に、臨床と密接に連携した医療・バイオの研究開発ハブとしての機能を一気に引き上げ、スタートアップなどと連携して、治療から医療機器開発まで、次代を担う新ビジネスに挑戦すべきである。

このためにMDアンダーソンがんセンターやTMCイノベーション部門と広範なパートナーシップを提携し、最高峰の医療・バイオテックや予防からケアに至るノウハウを導入していきたい。視察時に意見交換したMDアンダーソンがんセンターのピーター・ピスターズ理事長は「共同研究・人材交流やイノベーションなどについて継続して話し合っていきたい」と述べた。TMCのマーカス・ネルソン副センター長からは「愛知県とTMCの価値ある関係を強化していきたい」と前向きな言葉をもらっている。県内の4医大を中心とする医療機関、スタートアップの揺り籠「STATIO

TMCのネルソン副センター長(写真中央)と面談

ＮＡｉ」などとも連携し、イノベーションを巻き起こす、がん克服の新拠点を築きたい。

提言5

◎県民の生命・健康・暮らしを守るため、がん克服に挑戦
◎世界最高峰の米ＭＤアンダーソンから学ぼう
◎県がんセンター建て替えを機に、医療・予防・機器開発・教育の総合拠点に
◎臨床と密接に連携した医療・バイオの研究開発ハブとし、スタートアップと連携して新ビジネス創造を

6 100年に1度を活かす

ネオ・シュンペーター学派は、イノベーションによって古い体制をぶち壊し、まったく新たな世界を築く創造的破壊こそが重要だと説く。確かに、過去に成功した古い産業構造にしがみ付いていては、グローバル競争から取り残される。しかしモノづくり大国・愛知を支えてきた基幹技術体系や教育訓練システムが、イノベーションで突然、水泡に帰すわけではない。長年培った技術体系や教育訓練システムがあるからこそ、新技術やアイデアを受け入れる素地がある。

イノベーションには創造的破壊ではなく、改善・再生・進化型のイノベーションも数多い。地に足の着いた小さな積み重ねを集約し、環境・安全性・人口減少といった問題をクリアできることがある。まさに我が国の自動車産業が、これを体現してきた。

欧米の模倣からスタートした日本の自動車産業は、ホンダがマスキー法を克服した低公害エンジン「CVCC」を開発して、世界をアッといわせた。トヨタ自動車は徹底的に無駄をそぎ落とす「トヨタ生産方式」を編み出し、エンジンとモーターの2つを動力源とする量産型「ハイブリッド車」や、量産型水素燃料電池車(FCV)などを次々に世に送り出した。いずれも偉大なイノベーションにほかならない。日本の自動車業界は、改善・再生・進化型イノベーションを非常に得意としているのだ。

　自動車産業は100年に1度の大変革期にある、という。電気自動車(EV)、FCV、自動運転車、空飛ぶクルマと、次世代とよばれたクルマが次々と商用化され、未来型といわれた移動手段が実用化段階に入っている。CASE(コネクテッド、自動化、シェアリング、電動化)という自動車の革新キーワードが、もはや陳腐に聞こえるほど、変化は速い。

　この激動の時代を乗り越え、大きく飛躍するための研究・開発拠点となるのが「Toyota Technical Center Shimoyama」(以下下山)である。愛知県が2012年から豊田市と岡崎市にまたがる山林丘陵部に約650ヘクタールという用地を買収して造成し、トヨタ自動車への引き渡しを完了した。

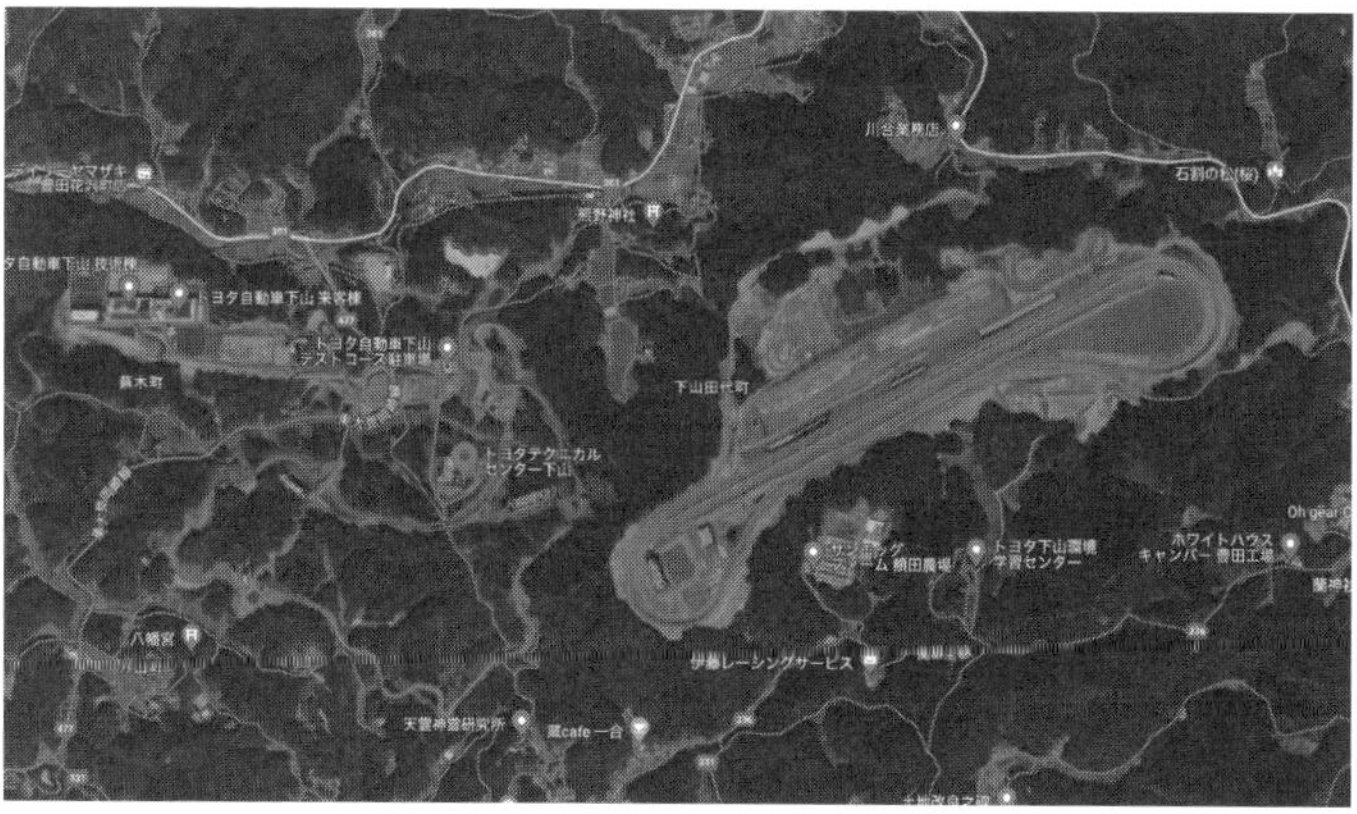

Toyota Technical Center Shimoyamaの航空写真
出典)Google map

下山を視察

2024年3月、未来のクルマをつくる一大拠点として完全運用が始まった。下山には「車両評価用テストコース」の大機能を集約。EVや自動運転車などの開発スピードを一気に引き上げ、愛知の基幹産業の成長をけん引する役割を担うことを期待している。もちろん地域経済へ計り知れない波及効果を及ぼすことも期待する。

カントリー路のお手本にしたのは、ドイツ北部にあるサーキット「ニュルブルクリンク」(Nürburgring、通称「ニュル」)の北コースだ。1927年開設の世界屈指の難コースで、ホンダが鈴鹿サーキットを開設する際に参考としたが、「一周するのに時間がかかりすぎて、車が簡単に戻ってこないので、規模を大幅に縮小した」という逸話が残る。

「緑の地獄」ともよばれるニュルブルクリンクは一周21キロ、高低差300メートルもあり、荒れた路面にアップダウンや急カーブが「これでもか」と続く山岳路（カントリーコース）である。トヨタ、ホンダ、日産自動車などの日本メーカーが、日本から完璧に整備して持ち込んだ新車でさえも、不具合やトラブルが起きて整備し直さなくてはいけない、という。このためドライバーと技術屋が一緒に乗って走り、不具合や異音発生が起きるとすぐに整備し、また走る。何度もこの試行錯誤を、高低差や曲率の厳しい難コースで繰り返すことで、開発車の安定性、操縦性、ブレーキ性能、乗り心地などを格段に向上させる、という。

下山のテストコースは、ニュルブルクリンクを参考に、急勾配（斜度15度）やヘアピンカーブなどを配置した厳しい走行環境のカントリーコースを再現した。一周5・3キロメートル、高低差75メートル、路面からの振動を吸収するサスペンションが伸び切ってしまうようなジャンピングスポットや、コーナーで横っ飛びするような急カーブも設けた。

カントリーコースのほか、ヨーロッパの石畳の道などを模した特殊評価路、時速200キロメートルまで出せる高速評価路など全部で12本のコースを用意。徹底的に実用化間近のクルマをいじめ抜く試験走行と整備を繰り返し、「すべての車を徹底的に鍛え上げる」（トヨタ自動車の豊田章男会長）という。すでに高級ブランド「レクサス」シリーズの、多目的スポーツ車「ＲＸ」、電気自動車の「ＲＺ」、オフロード車「ＧＸ」などをはじめとして、多くのトヨタ車が下山コース

Toyota Technical Center Shimoyamaの概要

所在区域	豊田市（旧下山村）および岡崎市（旧額田町）の一部
面積	総面積：　650.8ha
事業主体	・用地造成工事：　愛知県企業庁 ・施設建設工事：　トヨタ自動車株式会社
主な施設	・中央エリア：　カントリー路 ・東エリア：　高速評価路／特性評価路 ・西エリア：　車両開発棟／来客棟
投資額	約3,000億円
従業員数	約3,000人（2024年3月　全面運用開始時）

（出典）トヨタ自動車株式会社

で鍛え上げられ、市場に投入され始めている。

一方の実験・研究施設には、クルマの未来を開拓する技術陣を集積した。２０３０年までに年間１００万台生産、２０３５年までに全車ＥＶ化を目標とする「レクサス」の開発拠点となり、レクサスシリーズの車両の企画から、技術開発、デザインまですべてを担当する。併せて、「ＧＲカンパニー」の拠点ともなる。ＡＩを駆使し、歩行者や車両を回避しながら雪道でも安全に走行できる運転支援技術や、自動運転車の開発にも取り組み、自動運転車の実用化時期を一気に前倒しすることが期待される。

実験・研究施設には、パートナー企業と協業する「来客棟」もあり、有望なスタートアップとの連携・協業も期待できる。卓越した自動運転や運転支援技術をもつモービルアイ社が多くの自動車メーカーと連携しているように、スタートアップやパートナー企業との連携から、未来のクルマに向けたイノベーションが次々と起きるかもしれない。

下山の立地は、自然に包まれた山林丘陵部であるうえ、トヨタ本社から車で約30分と極めて近く、機動的な開発を進めるのにこれほどの好立地はない。量産化目前の未来のクルマの開発スピードを一気に高められると期待している。

最近の円安で、日本の生産拠点としての競争力は高まっている。外国為替相場は、成長率、金融政策、貿易収支、経済危機、戦争・紛争、感染症など多くの要因に左右されることが多く、その予測は簡単ではない。しかし中長期的には、日本の人口減少を反映して、円安傾向が強まるとの見方も多い。長く円高に悩まされ続けた、モノづくり王国・愛知にとって、これは国内の研究開発や生産能力をブラッシュアップする好機

下山のお披露目式にて

自動運転車の公道実証実験を体験視察

ととらえることもできる。下山が愛知の基幹産業の競争力を一段と引き上げる原動力になるはずだ。

愛知県では、２０２４年10月のスタートアップの揺り籠「ＳＴＡＴＩＯＮ　Ａｉ」開設を機に、名古屋駅と「ＳＴＡＴＩＯＮ　Ａｉ」のある鶴舞公園の間を、自動運転車で結ぶ計画だ。２０１６年から着々と進めてきた実証実験も、公道での技術やノウハウ習得を積み重ね、交通量の多い幹線道路でも制限速度いっぱい（時速60キロメートル）でスムーズに運行できるレベルに達した。６段階ある自動運転のレベルでは、まだまだ下から3番目の「レベル２」（緊急時に運転手が介入）ではあるが、実用化に一歩また近づいたのを実感する。

20世紀末から世界を席巻したのは、アップル社、フェイスブック社(現メタ社)、アマゾン社といったUSテックだった。2010年前後には、BAT(バイドゥ:百度、アリババ集団:阿里巴巴集団、テンセント:騰訊)に代表されるチャイナテックが世界の耳目を集めた。インドテック、フレンチテックと主要国が次々にスタートアップの興隆に成功している。2024年、「Toyota Technical Center Shimoyama」の完全運用開始を絶好のチャンスと位置づけ、「STATION Ai」などと有機的に連携させ、「アイチテック」が世界を驚かせるようにしたい。そのために県ができる多様な手法を、すべて実行していきたい。

提言6

◎改善・再生・進化型のイノベーションも有効

◎「Toyota Technical Center Shimoyama」(県が基盤整備)をテコに、変革期を乗り切れ

◎円安を活かし、未来のクルマの研究・技術開発拠点に

◎「下山」と「STATION Ai」などの連携でイノベーションを

カーボンニュートラル

第2章

エコロジカル·フットプリントという環境指標がある。衣食住やエネルギーのために人類が陸地や海洋などをどれほど使っているかを示す指標で、2022年の値は地球1.7個分に達した。すでに地球への負担は限界に達し、温暖化の影響で21世紀末の気温は3.2度上昇するとIPCC（国連気候変動に関する政府間パネル）は予測する。猛暑、集中豪雨、渇水、異常潮位などが相次ぎ、熱中症や感染症のリスクが増し、暮らしや農漁業を脅かす。愛知は水素·アンモニア、風力、水力、バイオマス、蓄電池、電動化、植林、港湾·物流のグリーン化、二酸化炭素の回収·貯留·利用など、ありとあらゆるダイバーシティ戦略をフル動員し、カーボンニュートラルの実現をめざす。地球規模での危機はチャンスでもある。スタートアップを活かして課題解決に挑み、イノベーションやビジネスを育み、環境と成長の両立に挑んでいく。

7 エコはダイバーシティで

電気自動車(EV)と燃料電池車(FCV)のいずれが優れているか、との論争が最近まで、かまびすしかった。片や欧州勢を中心に「エコカーの中でEVの効率が最も良い」「FCVは水素ステーションが不足しており、利用者が不便」などとEVの優秀さを説く。こなたFCV派は「そもそもEVの電気をつくるのに、二酸化炭素(CO2)が大量に出ている」「EVに必要なレアメタルが特定国に偏在し、世界的にまったく足りない」と反論する。

この論争の不毛さは、科学技術の進歩が現時点で止まったままとの前提で議論している点にある。イノベーションや技術発展の時間軸を、まったく念頭に置いていないのだ。

ほんの20年前には、スマホもFCVもこの世になかった。30数年前まで遡れば、インターネットを使っていたのは、技術者や学者らごくわずかだった。温室効果ガスの排出量と吸収量を均衡させるカーボンニュートラル(CN)の達成年次を、多くの国が2050~2060年頃に置く。いまから25~35年程度も先である。

その間、エネルギー、電機・電池、工業生産、移動手段などに関する技術は加速度的に進化し、

主要国のカーボンニュートラル目標年と世界のCO_2排出に占める割合

国名	目標年次	CO_2排出割合
日本	2050年（法定化）	3.2%
アメリカ	2050年（大統領公約）	13.6%
ドイツ（EU）	2050年（長期戦略）	1.9%
韓国	2050年（大統領公約）	1.7%
カナダ	2050年（法定化）	1.6%
イギリス	2050年（法定化）	1.0%
ブラジル	2050年（国際会議演説）	1.2%
中国	2060年（国連演説）	32.1%
ロシア	2060年（国際会議演説）	4.9%
インドネシア	2060年（長期戦略）	1.7%
インド	2070年（COP26演説）	6.6%

注）CO_2排出割合の出典はEDMC／エネルギー・経済統計要覧2023年版で、2020年時点

様変わりしているに違いない。ならば、いまは結論を出さず、予見をもたず、あらゆる可能性を排除しないダイバーシティ戦略が重要だ。

そもそも政府が恣意的に産業に介入しようとすると、ロクなことはない。戦後の資本自由化期に、日本政府は国内自動車産業について、強大なアメリカ企業との競争に負けて吸収されてしまうとの懸念から、上位３社程度への再編を目指した。

だが下位メーカーの反発もあって、日産自動車とプリンス自動車の合併など集約は一部にとどまった。この結果、日本国内では自動車会社の熾烈な競争を生んだ。しかし、しのぎを削る競争が各社の国際競争力をどんどん引き上げ、寡占状態のアメリカ自動車会社を追い詰めていった。こう、故・小宮隆太郎博士（１９２８～２０２２年）は説く。

カーボンニュートラルなどの環境（エコ）分野ほど、パラダイム（支配的考え方・価値観）が劇的に変わる世界はない。去年まで非常識だった手法に光明が当たり、明日には常識となる。不確実で先を見通せないからこそ、決め打ちほど危険なことはない。行政がすべきは、多様な技術や手法の種を育む大きな舞台を用意し、既存の枠や規制を取り払い、民間の自由な創意工夫や競争を後押しすることだ。特に、主要国に比べて遅れている分野や市場原理が働きにくい分野について、行政が土台作りを支援することが大切だ。

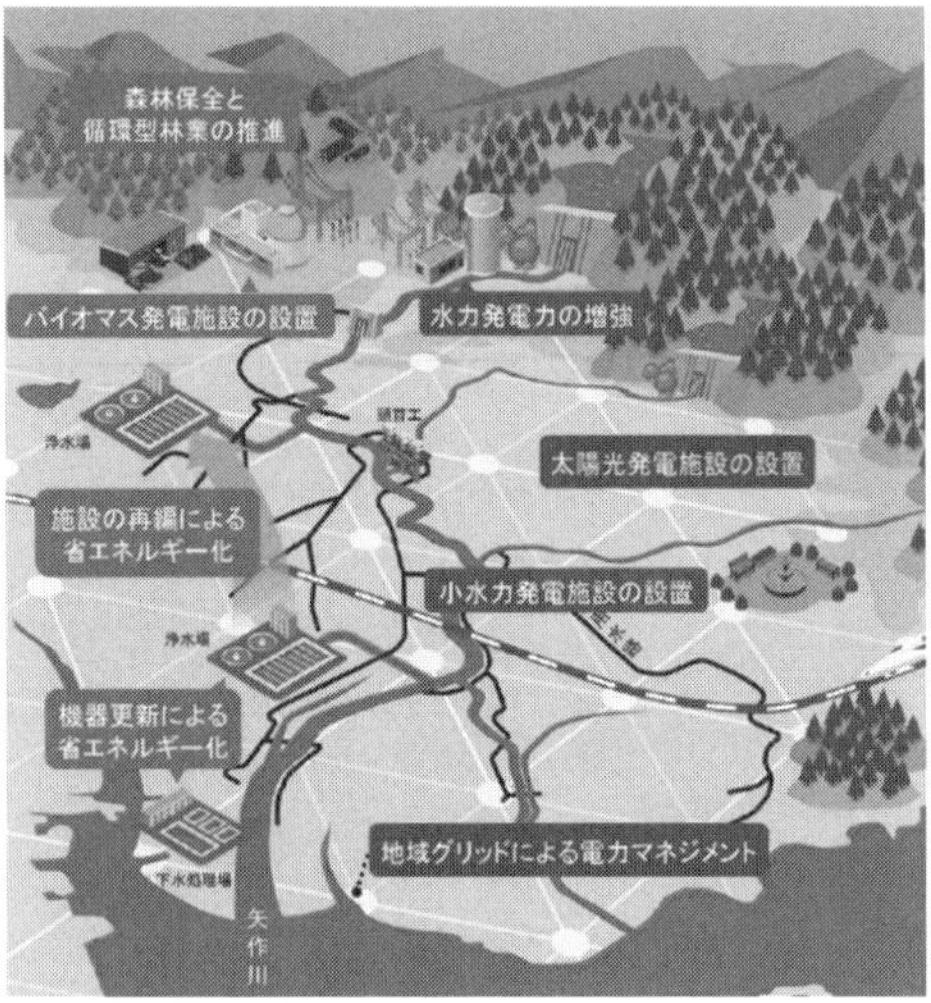

矢作川ＣＮプロジェクトのイメージ

　この象徴として、愛知では「矢作川・豊川ＣＮ（カーボンニュートラル）プロジェクト」という、新たな試みに挑んでいる。２０２１年に矢作川流域をモデルに、「水循環」という横断的切り口で、流域のカーボンニュートラルを達成するさまざまな施策を始動した。

　例えば、矢作川水系にある木瀬ダム（豊田市）は水道水供給と洪水調整などの機能を担って

木瀬ダムに小水力発電施設を計画中

いるが、発電設備がない。ここに小水力発電所（発電能力30キロワット程度）を設け、水力という再生可能エネルギーでつくった電気を地域で有効活用してもらう計画だ。すでに水力発電施設のある矢作ダムでは、２０２３年の出水期から、洪水調節に支障のない範囲で、これまで未利用だった貯留水を活用した発電の試行運用を始めた。

　豪雨時の水を一時的に貯留して洪水を防ぐ遊水地、ため池、浄水場・下水処理場などへの太陽光発電設備の導入も進めていく。矢作川下流域に整備中の菱池遊水地（幸田町）に導入を目指す太陽光発電では、洪水時でも耐えられ、貯留機能を損なわない構造を創意工夫してもらっている。

　２０２３年には、対象流域を矢作川から、豊川も含めた三河全体に広げ、「矢作川・豊川ＣＮプロジェクト」へとバージョン

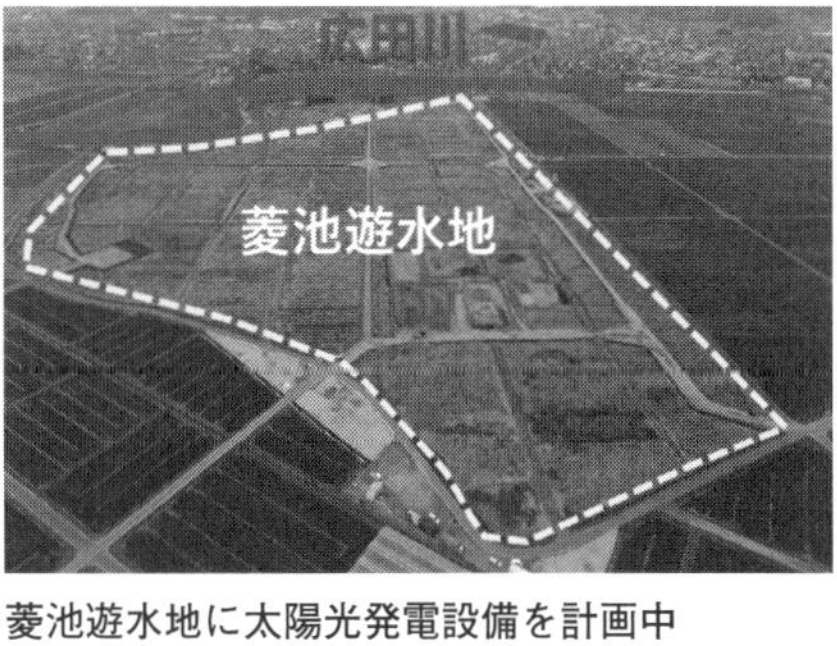

菱池遊水地に太陽光発電設備を計画中

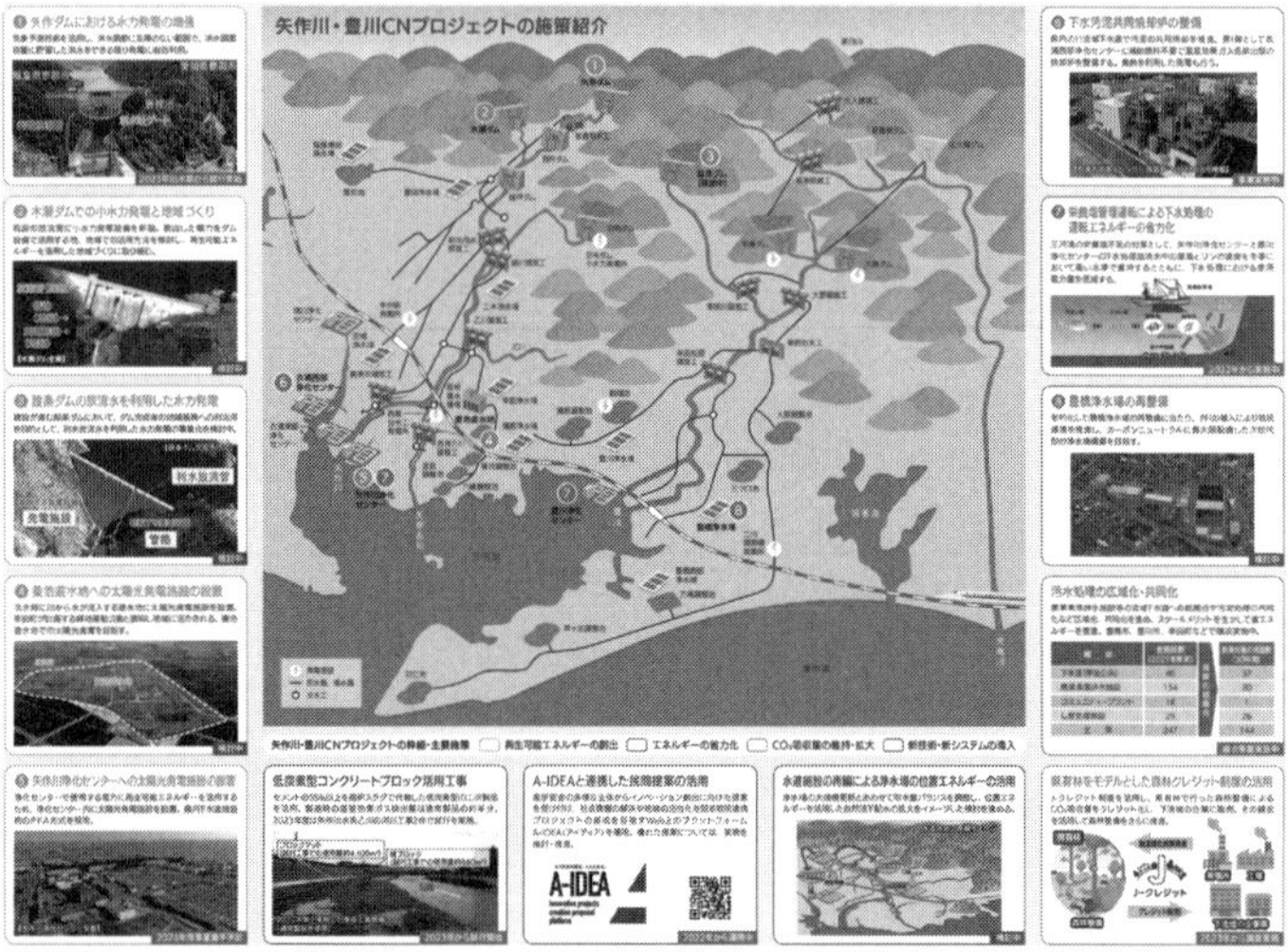

矢作川・豊川CNプロジェクトのイメージ

アップした。すでに豊川上流の設楽ダム（設楽町）に水力発電所を設置するための取り組みを進めている。可能な限り、愛知県内のあちこちへと、対象流域を広げていきたい。

河川流域ＣＮプロジェクトは、森林整備や循環型林業の推進によるCO_2の吸収から、ダムなどの水力発電、河川内から発生する伐採木などによるバイオマス発電、下水汚泥の焼却熱利用による発電、水道施設の再編や汚水処理施設の統廃合による省エネ、上下水道施設の連携による省エネまでと、多岐にわたる。ダイバーシティ戦略であるのだから、多種多様な施策を試みるのは当然だが、３つの軸に沿って推進することが重要と考えている。

１つ目の軸は、部局の垣根を取り払い、横断的・一元的に推進することだ。一級河川水系の利活用や管理には、農林部局、水道部局、建設部局など多くの部署が携わっており、新たな事業を始めようとするだけで、手続きや調整が煩雑で、時間ばかりを浪費する。部署ごとに所管分野がわかれているため、垣根を越えた一体的な試みが難しかった面もある。

このため２０２２年、国土交通省、農林水産省、経済産業省、環境省の地方機関、地元自治体、経済団体の長らで構成する「矢作川ＣＮ推進協議会」を立ち上げた際に、私自らが協議会の会長に就き、会議の司会進行も私自らが務めることにした。プロジェクトの進捗状況をチェックするだけでなく、各部局が足並みをそろえ、部局を越えた連携を力に変えて、ＣＮ実現に活かして

河川流域CNプロジェクトの主要施策

CO_2吸収量の維持・拡大	森林整備及び循環型林業の推進
	木材利用の促進
	J-クレジットの創出及び企業とのマッチングの実施
再生可能エネルギーの創出	ダムなどの水力発電所の増強・高度利用
	ダム・農業水利・水道施設などへの小水力発電施設の設置
	遊水地・ため池・浄水場などへの太陽光発電施設の設置
	河川内から発生する伐採木などによるバイオマス発電の推進
	下水汚泥の焼却熱による発電
新技術・システムの開発	水循環マネジメントによる水利用の最適化
	上下水道の連携による省エネ
	セメントへの鉄スラグ混合によるCO_2削減
	CO_2固定化コンクリートの事業化
省エネ	水道施設の再編
	汚水処理施設の統廃合
	老朽化機器・設備の更新
	下水処理の運転水準見直し

いきたい。

2つ目の軸は、地元自治体や民間事業者の知恵と活力を十分に活かしていく点にある。例えば、矢作川浄化センター(西尾市)に導入する太陽光発電所では、民間事業者が発電所を設けて需要家に電気を供給するPPA(Power Purchase Agreement)方式で事業を進めることにした。2024年度に実施事業者の公募を行う。木瀬ダムなどの小水力発電所でつくった電気についても、豊田市などと協議し、地元経済に役立つ使い道の知恵を絞ってもらっている。流域管理は公共性が高いものの、極力、民間の知恵やノウハウを活かすべきである。

3つ目として、これが最も重要だが、果敢にイノベーションに挑む点である。すでに矢作川の護岸工事で、セメントの一部を高炉スラグで代替したコンクリートブロックを使う試行を始めた。セメントの製造過程では、石灰焼成時に大量のCO2を排出することが問題となっており、セメントを高炉スラグに代替することで、排出量をおおよそ半分に抑制できるという。

国がCO2の排出枠取引を認証する「J-クレジット」も積極的に活用したい。県有林における森林管理で生じたCO2吸収量を「J-クレジット」とし、下流域などの温室効果ガス排出企業へ販売して、この資金を森林整備に充てる。こうした好循環を生むクレジット事業をビジネスに育てていきたい。J-クレジットを債券に組成・販売する地域金融機関などの協力を得て、早期実現にこぎつけたい。

J-クレジットの活用による森林管理

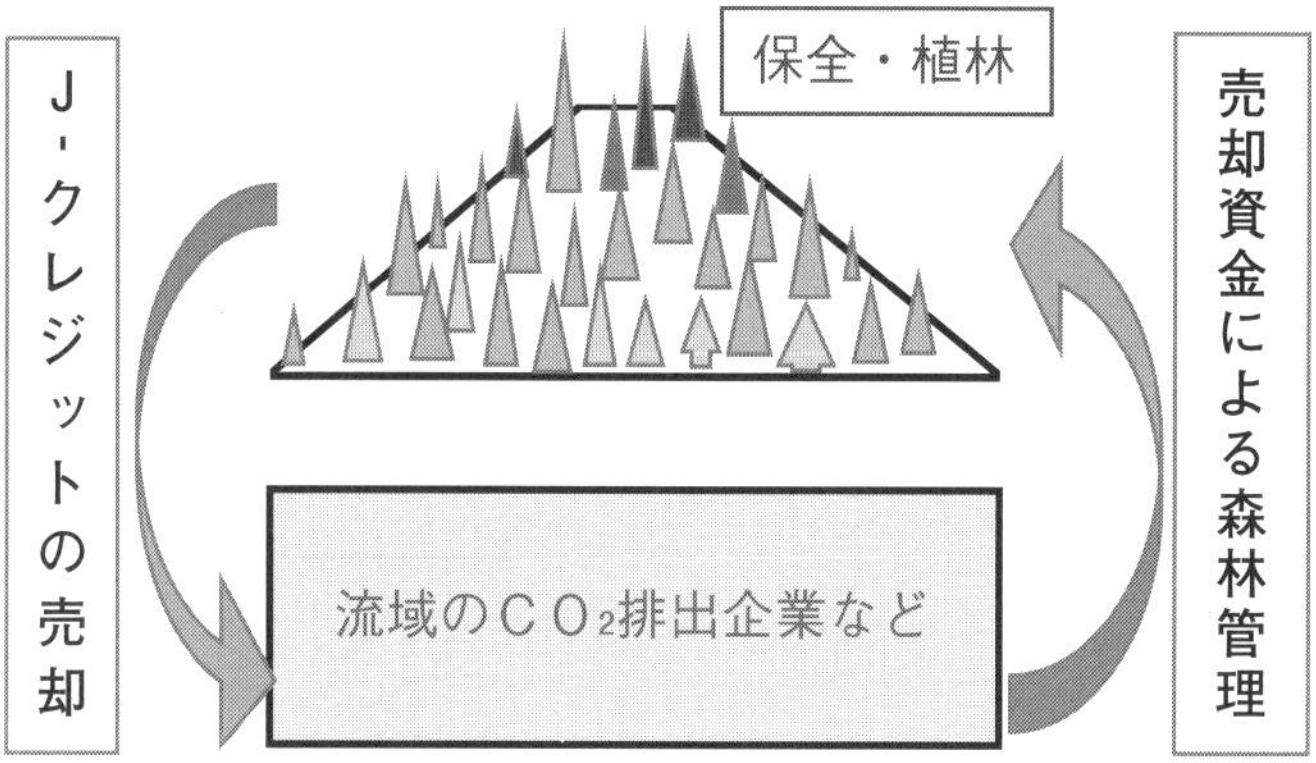

次世代送電網である「スマートグリッド」の概念を、水ビジネスに応用した「ウォーターグリッド」にも期待したい。すでにＩＢＭは地中海のマルタで、河川や水道メーターを遠隔監視・制御し、衛星とネットを通じて流量や使用量をリアルタイムで把握する取り組みを始めていると聞く。この分野は「ＳＴＡＴＩＯＮ Ａｉ」で育むスタートアップとの親和性も高いはずだ。

温暖化で豪雨、猛暑、渇水などが増え、20年後、30年後には、「水管理」は死活問題となる可能性が高い。河川流域ＣＮプロジェクトの多様な取り組みから、暮らしを守り、豊かさを実現できるイノベーションを起こしていきたい。

提言7

◎将来のパラダイムが予測不能であるからこそ、エコ分野は多様化戦略をとれ

◎「エコカーはEVで決まり」などとの予断が最も危険である

◎ダイバーシティの象徴として、河川流域カーボンニュートラル戦略を推進

◎J・クレジットの活用や「ウオーターグリッド」構想を積極的に進めよ

8　「あっ！ここにも水素」社会を

名古屋港も大きいが、ここは一段と巨大だ。2023年8月、ロサンゼルス市内から南へ30キロほどのカリフォルニア州ロサンゼルス港（以下ロス港）を視察した。「広さ7500エーカー」と説明を受け、計算してみたら、バンテリンドームのおよそ630個分の広さである。もちろんアメリカ最大規模の港で、コンテナ取扱量は2000年以来、ずっと全米トップの座にあるという。

ロス港は、隣接するロングビーチ港とともに、現在、港湾の巨大荷役装置や大型コンテナ輸送トラックなどから出る温室効果ガスをゼロにする「ゼロエミッション構想」に挑んでいる。もちろん世界初の試みだ。豊

全米最大規模のロサンゼルス港を視察

田通商などが協力し、実証実験が着々と進んでいる。

温室効果ガスを減らすため、ロス港では従来、フォークリフトなどの小型機械の電動化を進めてきた。しかし巨大なコンテナ荷役機械や大型トラックなどは、電動化しても短い時間しか稼働できないうえ、充電に時間がかかりすぎる。そこで白羽の矢が立ったのが、水素エネルギーである。

水素は酸素との化学反応によってエネルギーを生み出すうえ、反応後は水しか残らず、二酸化炭素（CO2）を排出しない。電気よりもエネルギー密度が高く、単一エネルギーを蓄えるための時間（充填・充電時間）が短い。圧縮させることで、大量にエネルギーを蓄えることができるという大きなメリットがある。このため、従来ディーゼル機関で動かしてきた大型機械やトラック、バスなどを動かすのに最適なのだ。

ロス港が水素エネルギーで動かすのは、高さ80メートル級の巨大ゴムタイヤ式の門型クレーン（RTGC）を筆頭に、コンテナを持ちあげて移動させるトップハンドラー、トラックの荷台のようにコンテナを牽引する特殊車両（ヤードトラクター）やドレージトラックなどだ。いずれもたくさんのエネルギーが必要で、電池では実現が難しい。

実証実験はまず、アメリカで豊富な家畜糞尿に由来するバイオガスを改質して水素をつくる。これを高圧の移動式水素充填車でロス港に運び、巨大荷役機械や大型トラックの燃料にする構

超高圧水素充填車を視察（ロサンゼルス港）

想だ。大出力を得られる水素の特性を活かした実証実験であり、電池では不可能だった長時間稼働や短時間燃料供給が可能になると期待されている。現地では、ロス港コンテナターミナルを運営するフェニックス・マリーン・サービス社のマット・ディキンソン氏や豊田通商アメリカの秦直之社長から詳細な説明を受け、超高圧水素充填車などを視察した。

名古屋港はロス港との間で、姉妹港提携に加えて、環境や業務効率化などの面で協力する覚書（MOU）を締結しており、ロス港の先進的取り組みを参考に、名古屋港でもコンテナを運ぶ大型クレーンなどの燃料の水素化実験の検討を進めている。港湾の大型機械やトラックだけでなく、船舶にも脱炭素エネルギーを適用しようと、２０２３年の覚書更新時には、両港間にゼ

主な都道府県のCO_2排出量(単位:万トン)

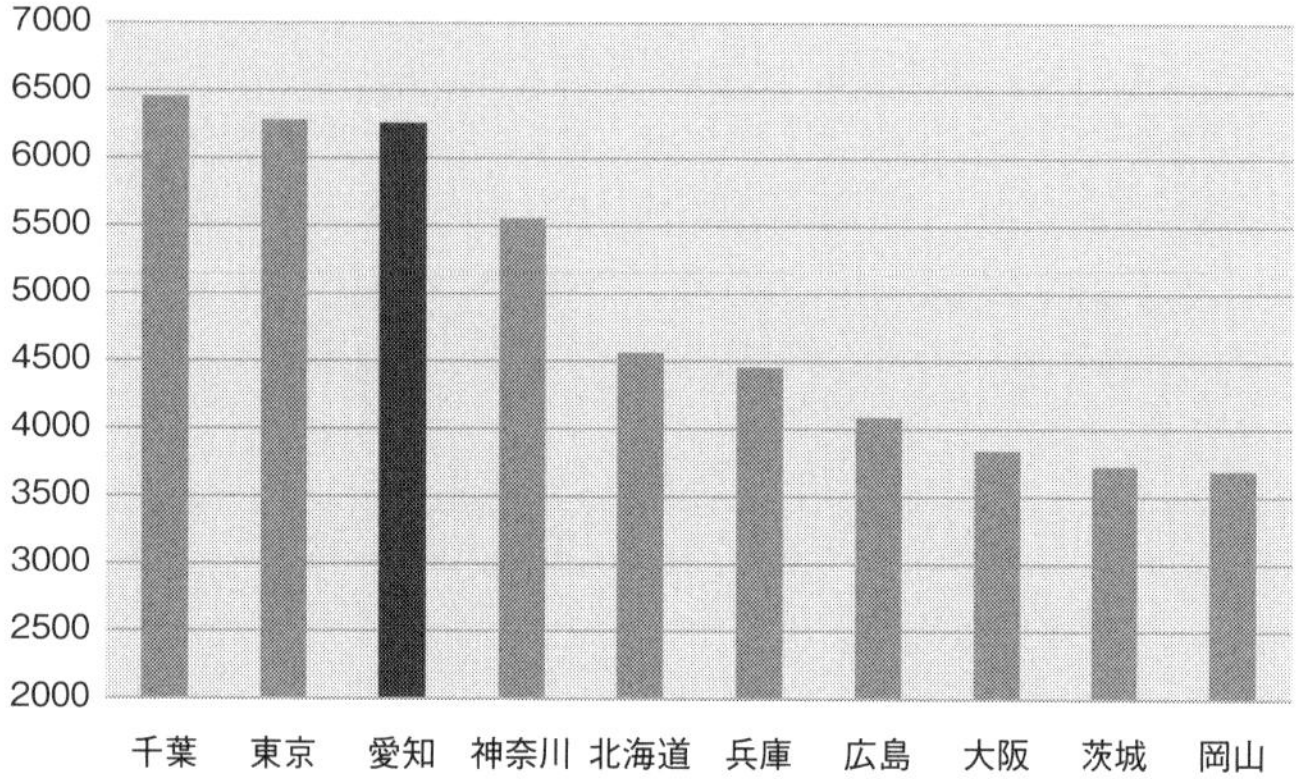

出典)環境省、2021年度実績

ロエミッション船を運航させる「グリーン海運回廊の開設・進展」項目を追加した。ぜひ、水素エネルギーを活用した、港湾・海運全般のカーボンニュートラル(CN)を実現せねばならない。

環境省によると、愛知県の温室効果ガスの総排出量は6262万トン(2021年度)と、千葉県、東京都に次いで全国3位である。全国トップの製造品出荷額を誇る愛知県なのだから仕方がない、などといっている場合ではない。特に愛知では、産業分野の排出比率が全体の5割を超えており、全国平均(3割台)に比べて格段に高い。

温室効果ガスを多く排出する製鉄、金属、化学、石油、窯業、機械、自動車、電子・電機産業などを対象に、重点的にカーボンニュートラル施策を進める必要がある。並行して、オフィスなどの業務分野や家庭などの領域でも排出を減らし、再生可能エネルギーに転換する取り組みも広げていかねばならない。

早急に、社会のありとあらゆる分野で、水素エネルギーの利活用を進めねばならない。こう考え、年度途中ではあるが、２０２３年12月、愛知県庁内に「水素社会実装推進室」を新設した。県内のすべての領域・場面で水素エネルギーを活用していくための司令塔であり、参謀本部である。

現在、ディーゼル機関で稼働している大型機械やトラック・バスなどでの水素エネルギーへの転換を強力に推進する。もちろん、名古屋港のコンテナ用大型機械などの燃料の水素化を急ぐほか、県企業庁による老朽化した豊橋浄水場の再整備でも水素エネルギーを活用したい。燃料電池を活用したトラックやバスの普及は優先順位を上げて加速させねばならない。

だが本丸は、産業分野である。例えば、エチレンなどの石油化学の分野では、水素由来の合成メタン、

愛知は産業分野のCO_2排出が多い

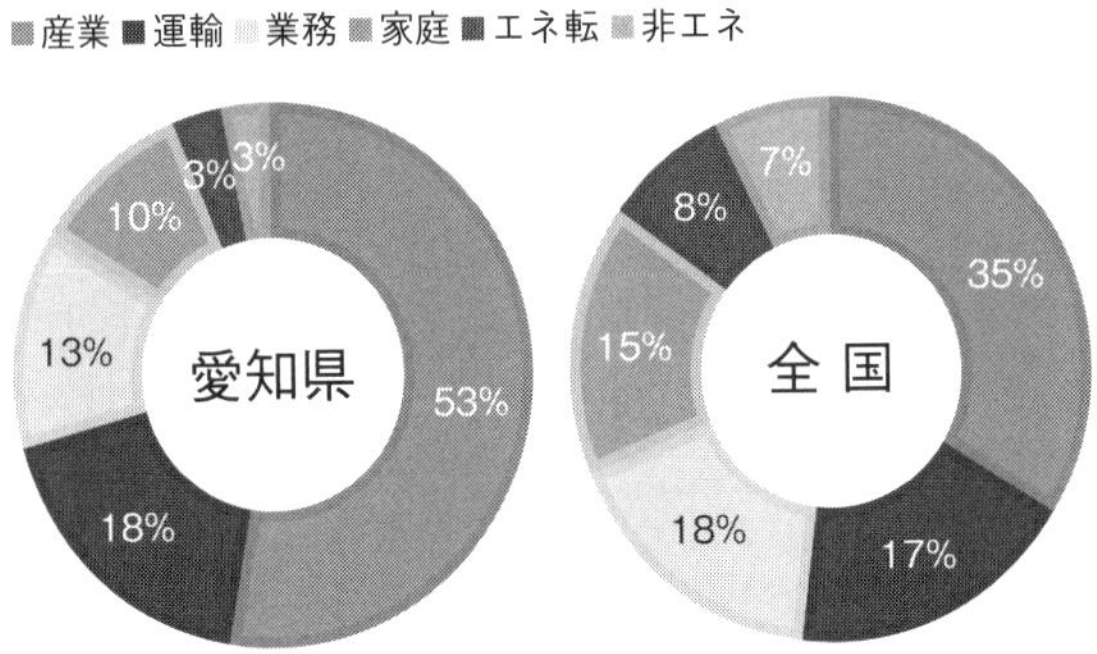

出典）愛知県の「2021年度の温室効果ガス排出量について」

合成燃料などを原料とし、化石燃料依存度を下げる新技術の開発を急がなくてはいけない。製鉄で石炭の代わりに水素を使って鉄の強度を高める「水素還元製鉄」の技術開発も必須だ。水素還元製鉄が実用化すれば、巨大な水素需要が生まれるのは間違いない。

水素を燃焼させてエンジンを回す水素燃焼タービンの実証実験も急がねばならない。このほか、超高精度・超クリアな還元環境が必須の電子部品・半導体やガラス・光ファイバー製造、ロケット・航空機燃料など水素の用途を開拓する施策を講じていきたい。

オフィスや家庭では、家庭用などの燃料電池の普及を促したい。水素を身近に感じるようにするには、燃料電池車(FCV)の普及が欠かせない。現在、水素ステーションは全国に約170カ所あるが、愛知県は全国首位の36カ所で全国の2割強を占める。しかしガソ

愛知県庁に水素社会実装推進室を設置

愛知県内の水素ステーションマップ
2024年3月19日現在
水素ステーション区分
営業中
35か所
整備中
1か所
※二重線はFCバス対応(20か所)
<掲載内容について>
①事業者が公表している情報に基づいています。
②数字は、営業開始日順です。(ただし、整備中については愛知県水素ステーション整備費補助金の申請順です。)
③裏面に水素ステーションの詳細を記載しています。

リンスタンド（約2万8000カ所）や公共EV充電拠点（約2万）に比べてケタ違いに少ない。高速道路などへの設置を急ぎ、ドライバーが不便を感じない水素ステーション網を築く必要がある。

水素だけでなく、アンモニアの利活用も必須だ。アンモニアは燃焼した際にCO_2を排出しないため、化石燃料に混ぜて発電、工場炉、船舶燃料などとして使えば、温室効果ガスの削減につながる。水素やアンモニアを燃料とするゼロエミッション火力発電という道もある。燃焼時に発生する窒素酸化物（NOx）の排出抑制技術などとあわせて、アンモニア利活用の技術開発が急務だ。貯蔵・運搬の扱いが容易なアンモニアからは水素をつくり出せるため、水素を別の化合物に変換して貯蔵・運搬する「水素キャリア」

としても有望だ。

電気を水素という形に換えてしまえば、これまで制約の多かった電気を長期蓄積・保存・輸送できる道が大きく開かれる。このため、海外を含めた、水素(水素原料)の調達から製造、貯蔵、輸送、利活用にいたるサプライチェーンの構築が重要だ。

以上、長々と列挙したが、喫緊の課題は多様な水素需要の創出・開拓だ。県の水素社会実装推進室が先頭に立って、多様な水素関連プロジェクトを発案・創出していく。政府は今後10年で、20兆円規模のGX(グリーン・トランスフォーメーション)経済移行債を発行し、官民で150兆円の投資をめざしている。愛知から提案した多様なプロジェクトをテコに、GX投資をどんどん県内に呼び込み、愛知を水素エネルギー活用のハブ(拠点)地域に育てたい。

水素実装社会とは、家庭、学校、会社、工場、公共施設など、地域のいたるところに水素がある社会だ。電気や水道とおなじように、「あっ!ここにも水素」といわれるほどの需要を開拓し、愛知が水素ハブとなるように、知恵とアイデアの絞りどころである。

提言 8

◎高エネルギーでかつ、貯蔵・保管・輸送可能な水素を活かせ

◎ロサンゼルス港をモデルに、港湾のカーボン・ニュートラルを推進せよ

◎バス・トラック・大型機械などディーゼル動力は、すべて水素へ転換を急げ

◎アンモニアを併用し、需要を創造し、水素実装社会を築け

9

水素こそ、世界にアンテナを

日本では大きく報道されなかったが、2023年秋、カリフォルニア州のギャビン・ニューサム(Gavin Newsom、1967年〜)知事が中国を訪問した。ご存じの通り、ニューサム知事は、次の次(2028年)のアメリカ大統領選の有力候補とされる民主党のホープだ。米中緊張関係のなか、習近平主席、王毅外相ら中国首脳陣とわたり合う姿を米中メディアは大きく報じた。

報道によると、ニューサム氏は「米中が協力しない限り気候変動問題に変化を起こすことは不可能」と主張。習近平氏は「2国間には大きな可能性がある」と応じた、という。世界で最も環境意識の強い地域の一つであるカリフォルニア州トップである。水素エネルギーなど温暖化対策で影響力を強める中国との太いパイプづくりが狙いだったとみられている。

トヨタ自動車は2014年、水素で走る量産型燃料電池車(FCV)「MIRAI」を世界で初めて発売した。日本政府は2017年、世界に先駆けて、水素基本戦略を策定してみせた。温暖化対策としての水素活用で、世界のどこよりも先駆けている、はずだった。

しかし、中国や欧州などが水素国家戦略を次々と打ち出し、補助金や税制優遇などでイン

急伸する世界の水素需要量(単位:百万トン)

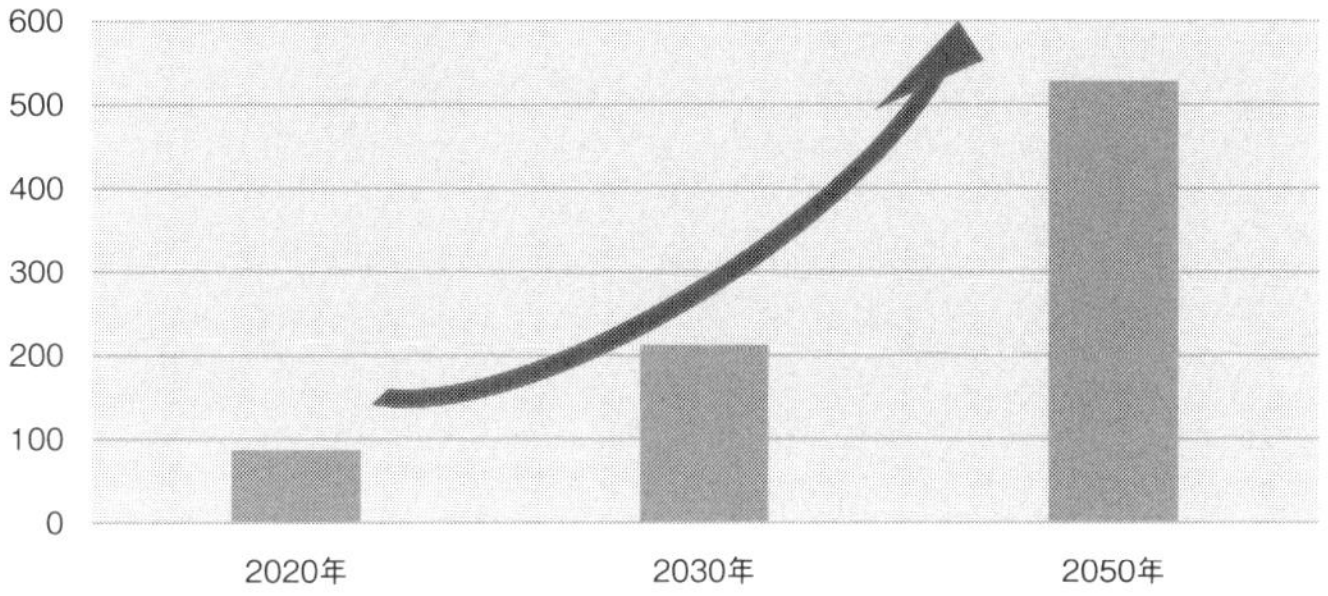

出典)国際エネルギー機関の「NET-Zero by 2050」、水素をアンモニアなど別化合物に変換して貯蔵・輸送しやすくした「水素キャリア」含む

フラ整備や関連企業の育成を急速に進めた。この結果、2020年に8700万トンだった世界の水素需要量(水素を別化合物に変換した水素キャリア含む)は2030年に2億1200万トンへ急伸する見通しだ。このうち中国が4000万トンを占め、欧州が2500万トンで続くが、日本は300万トンに過ぎない。

FCV普及でも、日本の周回遅れが鮮明だ。IEA(国際エネルギー機関)によると、2022年のFCVの世界普及台数は約7万2000台で、韓国が全体の41%を占めてトップで、アメリカ(21%)、中国(19%)が続く。日本のシェアは11%と、電気自動車(EV)一辺倒のようにいわれてきたドイツ(10%)に迫られている。技術開発や国家戦略で先行したのに、いつの間にか、諸外国に抜かれている。

なかでも中国の勢いが凄まじい。中国は世界の太陽光パネル生産の約8割を握っており、この圧倒的供給力を武器に、太陽光発電能力では世界の３割を占める。「10・風力という宝物」で詳述するが、洋上風力の発電能力でも、２０２３年に欧州を抜き去った。ＥＶ販売台数は２０２２年に５９０万台と世界のシェア約６割だ。太陽光など豊富な再生可能エネルギー源を手中に収め、ＥＶの市場開拓でも世界一の中国――。それが、なぜ水素エネルギーに力を入れるのか。理由は主に２つあると考えられ、そこから「少し未来」をにらんだ、中国のカーボンニュートラル（ＣＮ）戦略がうかがえる。

１つ目は、広大な国土で、太陽光や風力発電を普及させた中国だからこそ、電気の弱点、つまり「貯蔵できないという欠点」が露わになった。膨大な再生可能エネルギーを生む発電設備をつくれば、供給と需要を一致させるのは極めて難しい。電力需要のピークに合わせて、都合よく、天気が良くなり、風がビュンビュン吹いてくれるはずがない。逆に再生可能エネルギーが膨大な余剰とな

主要国のＦＣＶ普及台数（単位：台）

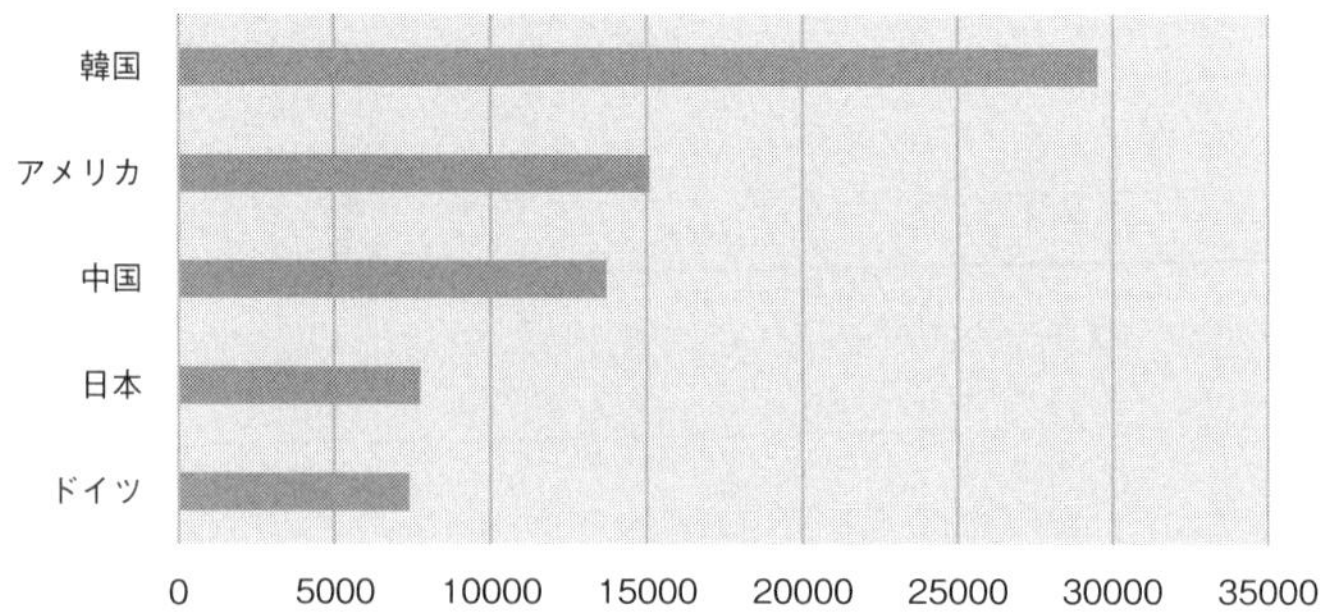

出典）国際エネルギー機関、2022年時点

ることも想定される。そこで電気を貯蔵・保存できれば、問題は解決する。水素は、近未来の中国CN戦略にとって、不可欠の技術なのだ。

2つ目は、EVが普及したからこそ、EVの限界が鮮明になったことだ。大出力の大型機械やトラック・バスには向いておらず、高速道、山間地、寒冷地での電池の減りが激しい。性能を高めるには大きなバッテリーを搭載せざるを得ず、車体は重くなり、値段が張る。使用済み電池の処理も大きな社会問題だ。

長期的視野から水素社会構築へ邁進《まいしん》する中国に接近するのは、カリフォルニア州知事だけではない。トヨタ自動車は2020年、中国メーカー5社と組んで、北京に、燃料電池（FC）システムを開発する合弁会社「連合燃料電池システム研究開発（北京）有限会社」を設立した。再生可能エネルギーが豊富なうえに、巨大な水素マーケットである中国で、「MIRAI」で培ったFCシステムを外販していく戦略だ。

自社のFCVだけではなく、中国の完成車メーカーなどへの技術供与や販売に注力し、水素市場の開拓を優先する。まだ水素市場が限られた日本ではなく、巨大市場・中国で虎の子のFCシステムを外販し、コスト低下を促す戦略だ。おそらく、トヨタは市場拡大が見込める国・地域へ、今後もどんどんリーチを拡げていくに違いない。

水素社会の構築には、大量の水素の確保が欠かせない。温暖化対策の観点から、水素は大きく

３つに色分けされる。太陽光などの再生可能エネルギーで水を電気分解してつくる水素は「グリーン水素」とよばれ、製造過程で温室効果ガスを出さない。一方、天然ガスや褐炭などを原料に、水蒸気と触媒で製造する水素は「グレー水素」といわれ、製造過程で二酸化炭素（ＣＯ２）などの排出が避けられない。ちなみに、この排出されるＣＯ２を地下貯留などで温暖化を防げば、その水素は「ブルー水素」といわれるそうだ。残念ながら、日本の再生可能エネルギー源や天然資源は限られており、電気代も諸外国より高く、グリーンもブルーも輸入に頼らざるを得ない。では、どこから水素を確保するか。

現在、オーストラリアや南米などの天然ガスや褐炭から製造した「グレー水素」が世界の水素供給量の８割以上を占めている。グリーン水素の生産コストは１トン当たり３０００～８０００ユーロと、化石燃料由来の１０００～２０００ユーロを大きく上回っており、しばらくはグレー水素の活用が続くだろう。

日本でも水素確保に向け、オーストラリア産褐炭からつくった水素を大量輸送する液化水素運搬船「すいそ ふろんてぃあ」（川崎重工業製）の実証運航が進められている。またインドネシア（ボルネオ島）の天然ガス由来の水素を有機化合物（シクロヘキサン）に合成して運びやすくした「有機ケミカルハイドライド法」の輸送試験も行われている。

もちろん温暖化防止には、グリーン水素の活用が望ましい。実は２０２４年は、世界で「グリ

液化水素運搬船「すいそ ふろんてぃあ」による水素の運搬実験が進む
出典）HySTRA

ーン水素」の大規模生産拠点が稼働ラッシュを迎える年である。デンマークでは、風力発電をエネルギーにして世界最大規模の年間3000トンという水素生産が始まる。フランスでは、毎日5トンのグリーン水素を全国の水素ステーションに供給するプロジェクトがスタートし、インドではグリーンコ社が日量300トンの水素を生産する計画だ。中国、アメリカ、オーストラリア、チリ、ナミビア、南アフリカなどでもグリーン水素プロジェクトが軒並み動き出し、日本の多くの総合商社も資本参加などでビジネスに加わっている。

近い将来、多くの国の政策的支援によって再生可能エネルギーの生産が増え、グリーン水素の価格が下がれば、太陽光発電や風力発電を大規模に行える地域からの水素輸入が主流となろう。欧州では、早くも水素のパイプライン計画が着々と進んでいる。日本にとっては、パイプラインにコスト的に負けない大量海上輸送などサプライチェーン（供給網）の確立が不可欠である。

水素は、石油や天然ガスと違って資源国が固定されることはない。中国がほんの10年足らずで、世界の再生可能エネルギー市場で台頭したように、イノベーションや国策次第で、水素資源の世界地図はガラッと塗り替わる。主要国が入り乱れて、水素のサプライチェーン争奪に動くなか、主導権を握るのがどの国なのかを見極める必要がある。中国、欧州に続き、当然、アメリカが指をくわえているはずはなく、インド、南米、アフリカなどグローバルサウスの動きも見逃せない。

だからこそ、世界にアンテナを広く張り、どの国・地域が台頭し、いかなるイノベーションが進んでいるかを見定める必要がある。「8・『あっ！ここにも水素』社会を」でふれた愛知県庁内の「水素社会実装推進室」などによる情報収集を徹底し、海外との交流・連携を深めたい。勃興する国、イノベーションを持った地域へ私自身が赴き、友好関係を築き、太いパイプをつくっていきたい。

提言9

◎温暖化対策には、大量の水素確保が絶対的に欠かせない
◎水素新興大国に成長した中国と、ビジネス・技術面で密接に連携・協力を
◎かつてのＬＮＧ船のように、液化水素運搬船などの輸入インフラを整備せよ
◎南米、インド、豪州、アフリカにもアンテナを張り、次世代水素資源国と連携を

10 風力という宝物

僥倖――。藤井聡太八冠ではないが、環境省の「洋上風力発電の導入ポテンシャル調査」の報告を聞いた時、思わずこの言葉が浮かんだ。なにしろ愛知県の渥美半島沖が、日本有数の風力発電の適地だというのだ。

黒潮洗う渥美半島の沖合では、1年を通じて強い風が吹く。風速8・5〜9・0メートルの風が常時吹き、五島列島沖、北海道・東北の日本海側、銚子沖などと並ぶ、風力発電のポテンシャルの高い地域なのだそうだ。しかも水深は80〜130メートル。巨大な風車を海に浮かべて発電する「浮体式」と呼ばれる風力発電の条件(水深50メートル以上)をクリアしている。なにより渥美半島沖は、電力の大消費地・愛知に近く、北海道・東北・離島などと異なり、長い送電線網が必要ないという大きな利点がある。洋上に浮体式を建設する母港には、三河港蒲郡地区というモノづくりの輸出拠点として実績ある港も控えている。

好機を逃すなとばかり、2023年、風力発電のビジネス化を目指す政府の実証実験に応募(情報提供)。経済産業省とNEDO(新エネルギー・産業技術総合開発機構)が進める浮体式実証実

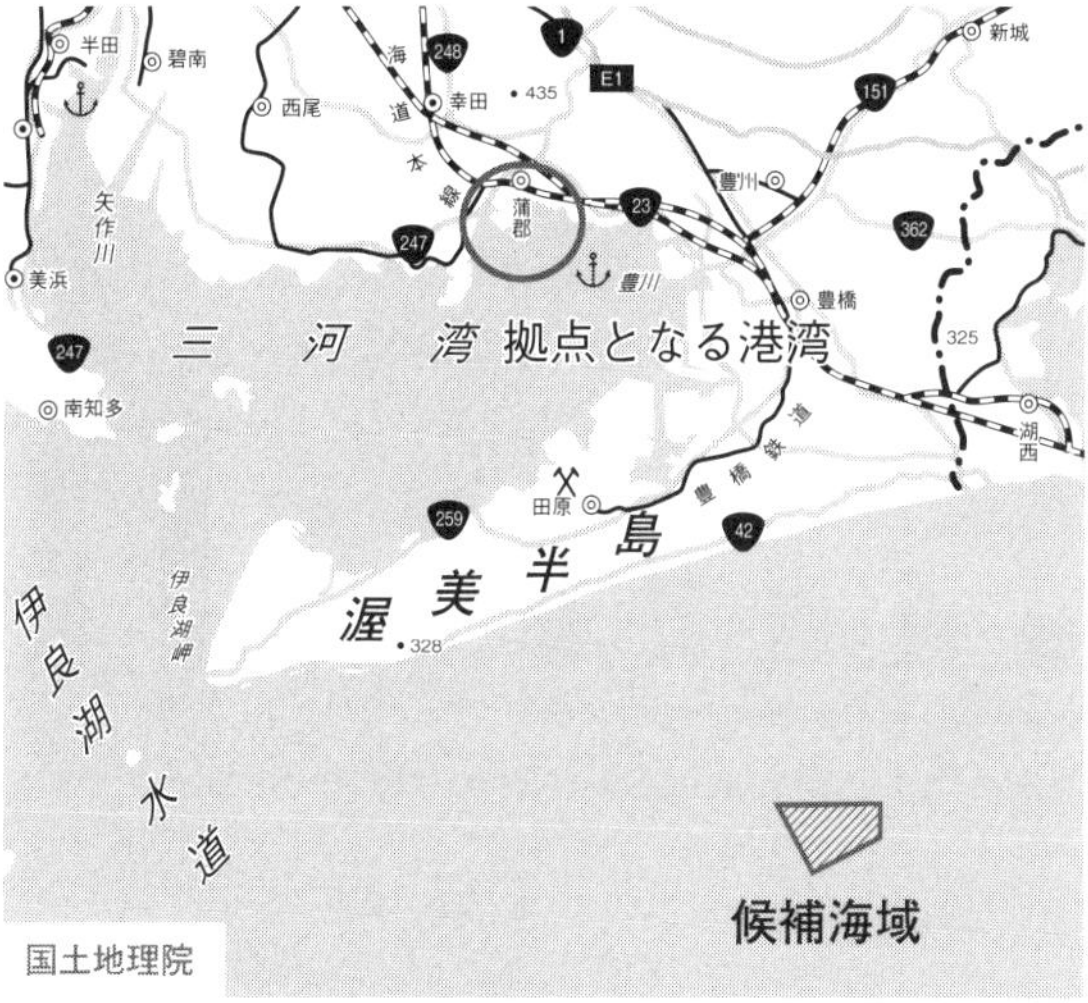

洋上風力（浮体式実証）の候補海域
NEDO「NeoWins（洋上風況マップ）」をもとに作成。

験（フェーズ２）の対象候補に、「田原市・豊橋市沖」が選ばれた。渥美半島の海岸線から14～18キロ沖合の台形のような海上エリア（面積１３０６ヘクタール）に１～２基の試験風車（想定出力１万～３万キロワット）を建設。２０２９年度頃から試験稼働する計画だ。

国は総額２兆円のグリーンイノベーション基金を活用し、国際競争に負けない価格で商用化できる風車、浮体式基礎、設置工法、保守などの技術の確立をめざしている。日本では、風力先進地の欧州と違って、台風や落雷などのリスクも多い。この実証事業がうまくいくかどうかは、洋上風力発電という再生可能エネルギーを手に入れられるかどうかの試金石である。愛知県として

世界の洋上風力発電能力の推移（単位：万キロワット）

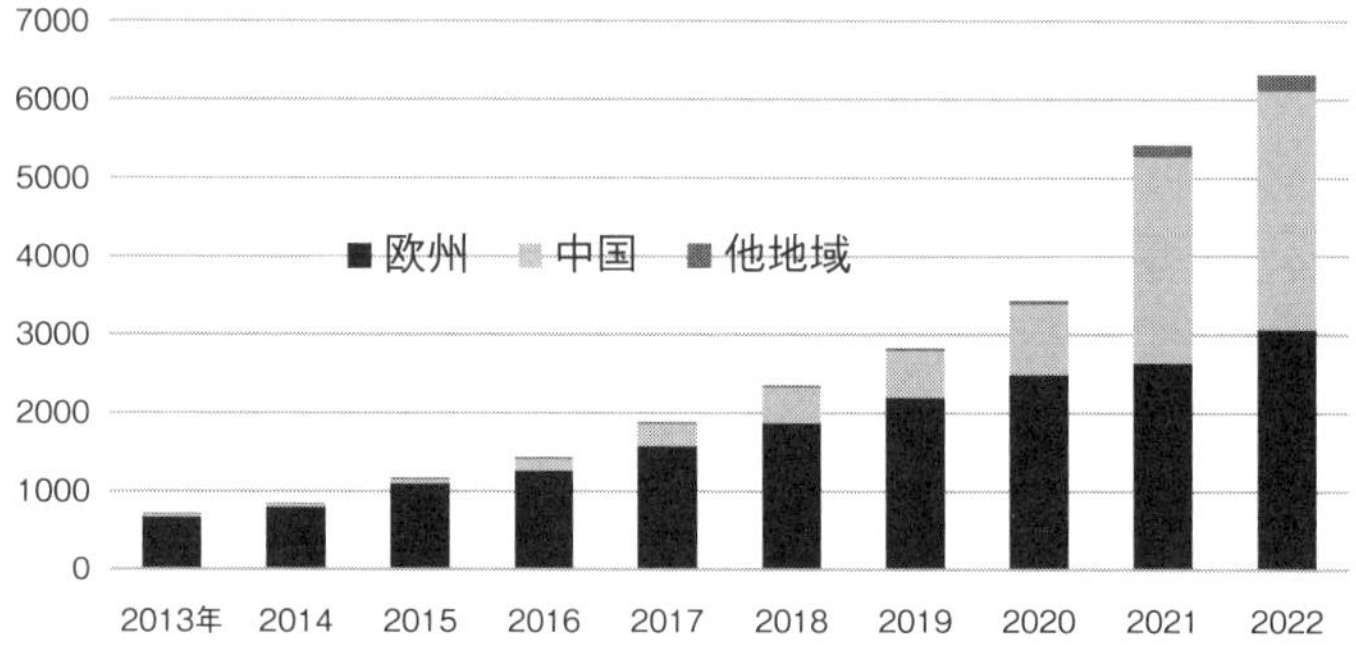

出典）国際再生エネルギー機関の「RENEWABLE CAPACITY STATISTICS 2023」などから作成

民間事業者と協力しながら、全力で支援し、実現にこぎつけたい。

日本各地で風力発電を見かけるようになった。太陽光と違って、風さえ吹いていれば、天候や昼夜を問わず発電し続ける有力な再生可能エネルギー源だ。しかし国土の狭い日本では陸上風力の用地は限られ、環境・景観問題という足かせもある。欧州のような遠浅の海も少ないため、海底に固定する「着床式」風力発電にも限界がある。

そこで渥美半島沖で試す浮体式に注目が集まる。浮体式ならば、洋上にプロペラのような発電機を何十台と並べて、スケールの大きな発電が可能だ。このため現在の洋上風力は着床式が主流だが、いずれ浮体式が日本の電源として大きな役割を担うと期待されている。

日本は２０１９年、民間事業者に一般海域の30年間の占有を認める再生エネ海域利用法を制定し、洋上風力の本格導入に動き出した。実証試験を急ぎ、２０４０年に最大４５００万キロワットと、大型の火力発電所や原子力発電所30～45基分に相当する再生可能エネルギー源を創設する計画だ。

だが洋上風力に邁進するのは、日本だけではない。圧巻が中国だ。もともと洋上風力は、イギリス、ドイツ、オランダなど欧州の独壇場だった。しかし中国は２００９年に低炭素化戦略を表明した後、猛然と導入政策を推進した。世界シェアで十指に入る金風科技(Goldwind)、遠景能源(Envision)、明陽智慧能源集団(Ming Yang Smart Energy)などの風力発電機メーカーを育成。洋上風力の発電能力で２０２２年に欧州と並び、２０２３年には抜き去った。２０２５年に、中国の発電能力は４５００万キロワットに達する計画で、日本の15年も先を行っている。

中国だけではない。２０３０年までの目標能力をみると、イギリスが５０００万キロワット、ドイツとア

主要国の2030年の洋上風力導入目標量（単位：万キロワット）

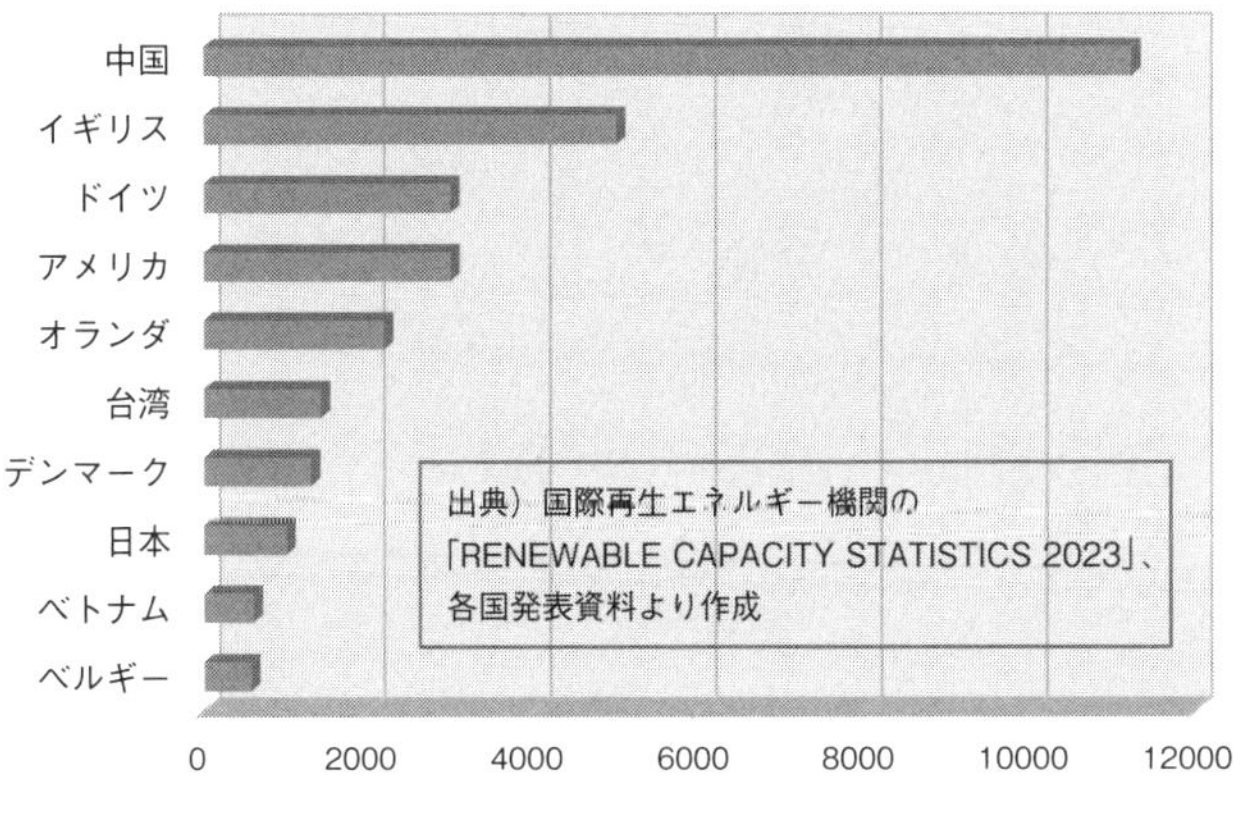

メリカが3000万キロワット、オランダ2220万キロワット、台湾が1430万キロワットなどと、日本以上の目標を掲げる国ばかりだ。2045年にはドイツが7000万キロワット、2050年にアメリカが1億1000万キロワット、ベトナムは最大9150万キロワットと、野心的ともいえる政策目標が並ぶ。

今後、カーボンニュートラル社会を実現するには、再生可能エネルギー源の確保が必須だ。太陽光、風力、バイオマス、洋上風力などのうち、どれが大化けするのか予想はできない。しかしロシアのウクライナ侵攻で一変した国際エネルギー情勢を踏まえ、現時点で、「再生可能エネルギーの切り札は洋上風力」と考える国が圧倒的に増えたのが実態だ。

一方、遅れる日本の洋上風力の発電能力は、2022年時点で6万キロワットに過ぎない。世界ランキングは14位で、アジア

主要国の洋上風力発電量のシェア(2022年)

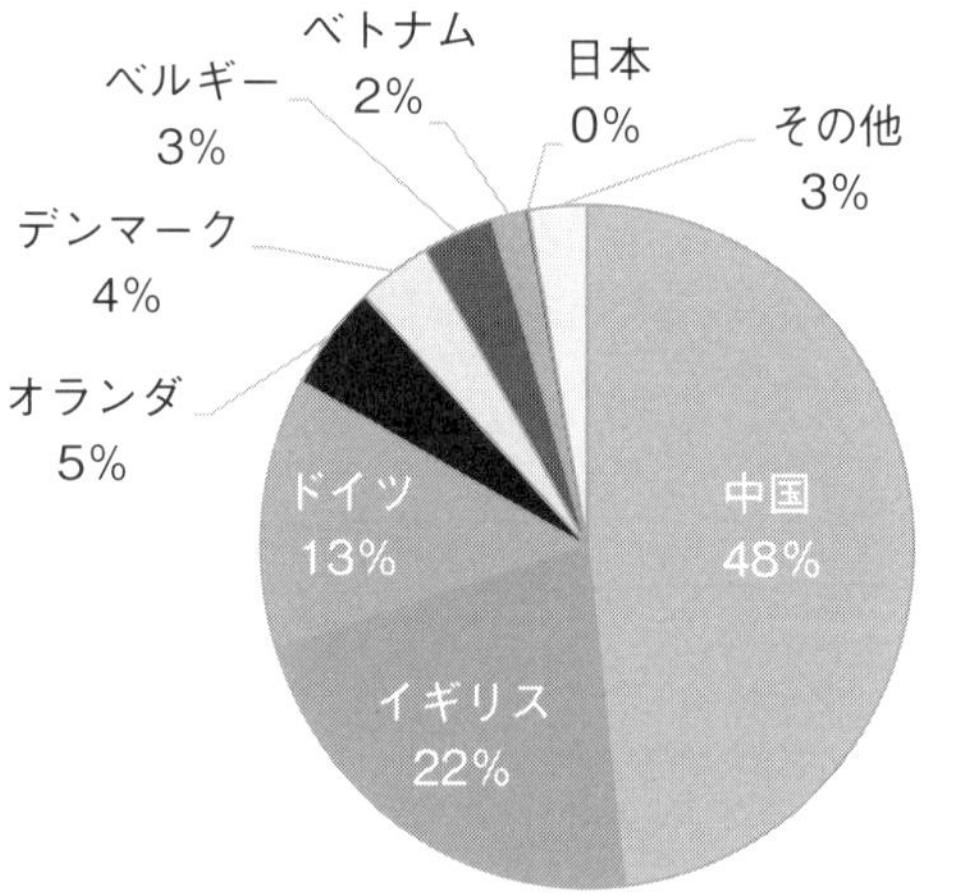

出典)国際再生エネルギー機関の「RENEWABLE CAPACITY STATISTICS 2023」などから作成、日本は0.09%で、グラフでは0%と表記

では中国どころか、ベトナム（109万キロワット）、台湾（75万キロワット）、韓国（14万キロワット）にさえ後れをとっている。世界の発電能力に占める日本のシェアは0・09%と、ほぼゼロである。

国際再生可能エネルギー機関は、世界の洋上風力の発電能力は2030年に2・3億キロワット、2050年には10億キロワットに迫ると予想する。現在とはケタ違いの伸びを示すのだ。

風力発電の仕組み

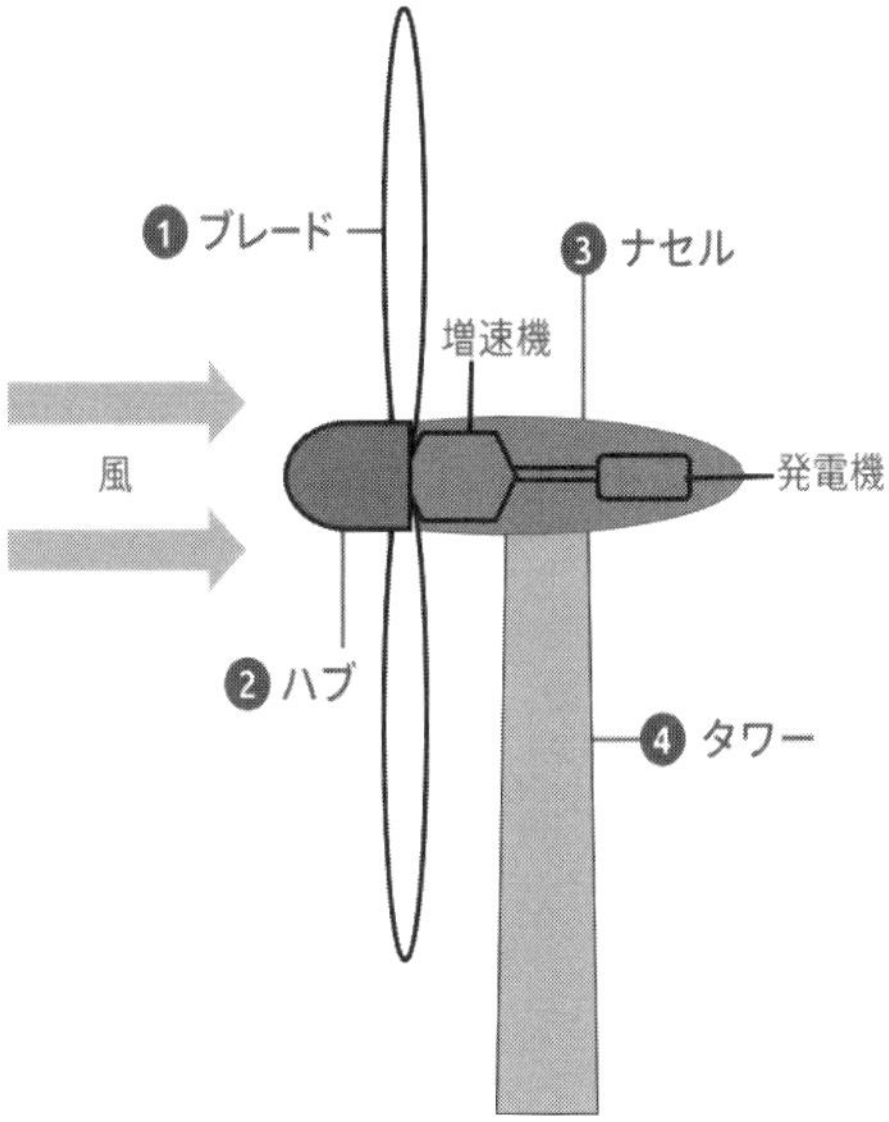

しかも技術革新が目覚ましい。風力発電は一般に、風車のブレード（羽根）、ブレードを固定して風の回転力を軸部に伝達するハブ、増速機や発電機などを内蔵したナセル（駆動部）、タワー（塔）の4つで構成される。ブレードの直径は、2010年頃まで80メートル程度だったが、最近は200メートル超も登場し、回転時の先端部の速さは、新

幹線を超える時速400キロにも達するという。

洋上風力をビジネス化する際、最もコストがかかるのが、ブレードやナセルなどを洋上に運ぶ建設船コストだ。いかに効率よく洋上に運び、効率よく組み立てるかがカギで、ブレードや発電装置が大きくなってもコストはあまり変わらない。従って装置が大きいほど発電能力がアップするため、どんどん大型化が進む。1基あたりの発電能力が2万キロワット級の風車も登場している。

洋上風力発電の魅力は、産業としての裾野が広い点だ。ブレードだけで部品点数が1万点を超え、全体で3万点以上にのぼる。日本では風車本体の生産から日立製作所や三菱重工業が撤退したが、部品、組み立て、建設、運用、保守など関連業種が多く、炭素繊維など新素材もふんだんに使われている。台風時の浮体式の制御など、日本メーカーが食い込む余地は大きいと考えられる。

ここにモノづくり王国・愛知の出番がある。日本政府は洋上風力の設備や機器について、2040年までに国内調達比率60%の達成をめざしており、愛知の底力を発揮して、洋上風力を新ビジネス開拓の契機にしたい。

近い将来、渥美半島沖の浮体式洋上風力発電で起こした電気を送電線で陸上に送り、この電気で水を電気分解してグリーン水素を大量に生産し、水素関連産業を集約する――。愛知を再生可能エネルギーの一大拠点と成すため、モノづくり愛知の全力を傾けて、関連産業を育成していきたい。漁業者や海運事業者らへの丁寧な説明や調整を尽くしながら漁業者はじめ関係者と協働してウインウインの関係を作り、風力という宝物をぜひ、有効活用していきたい。

提言10

◎超有望な渥美半島沖を一大風力エネルギー拠点に育てよ

◎「浮体式」洋上風力のポテンシャルの高さを示せ

◎部品、建設、運用・保守など裾野の広い風力発電産業として育成せよ

◎洋上風力でつくった電気でグリーン水素の生産・貯蔵をめざせ

エンターテイメント

第3章

豊富な雇用の場のある愛知には、男性を中心に人口流入が続いてきた。しかし20歳から34歳に限ってみると、愛知の人口男女比は男性100人に対して女性は90.7人（2023年10月時点）に過ぎない。この大きな差の主因は、女性が進学・就職を機に最新の流行、音楽、文化、スポーツなどを求めて東京都心周辺などへ流出してしまうからだ。2人の経済学者ボーモル（William J. Baumol、1922〜2017年）とボーエン（William G.Bowen、1933〜2016年）の名著『舞台芸術 芸術と経済のジレンマ』によれば、芸術・文化産業などの生産性は規模が拡大してもあまり上昇しない。だからこそエンターテイメントには公的支援が必須である。ジブリパークを手始めに、「選ばれる魅力的な愛知」となるべく、エンターテイメントでもダイバーシティ戦略に注力する。

11 ポテンシャル無限のジブリパーク

宮崎駿《はやお》監督は、敬愛する堀田善衛、司馬遼太郎両氏との鼎談で、闇に住んでいた物の怪をアニメで表現してほしいとの要望に、こう答えている。欧米のファンタジーは「光と闇が闘って、いつも光が善なのです。（中略）それと同じ考えが日本をむしばんでいると思います」「闇というものを身近に、だいじなものだと思わないようになってしまった。つまり古い家を全部壊してしまう。それと同じです」（1992年刊『時代の風音』）。ここに世界を魅了する、日本独特のスタジオジブリの世界観が表れている。

ジブリパークが3月、完全開業した。ジブリ作品をモチーフにした「ジブリの大倉庫」、「青春の丘」、「ど

ジブリパークのシンボル、エレベーター塔

「ジブリパーク」の概要

開業時期	2024年3月に完全開業（2022年11月に3エリア先行開業、2023年11月に1エリアを追加）
場所	長久手市の愛・地球博記念公園内
面積	約7.1ヘクタール
内容	内外の来園者に散策しながらジブリの世界観を楽しんでもらう公園施設。「ジブリの大倉庫」「青春の丘」「どんどこ森」「もののけの里」「魔女の谷」の5エリアを配置
総事業費	約340億円
想定来場者数	年間約180万人
経済効果	年間約480億円（整備時には約840億円）

5つのエリアの特徴

ジブリの大倉庫 (約0.8ha)	スタジオジブリの小道具、絵コンテなどを展示。子供たちが遊べる「子どもの街」「ネコバスルーム」「にせの館長室」、パークオリジナルの映像展示室「オリヲン座」、カフェ「大陸横断飛行」、ショップ「冒険飛行団」、企画展示コーナーなどのごちゃ混ぜ感が魅力
青春の丘 (約0.8ha)	パークのランドマークである「エレベーター塔」が迎えてくれる。『耳をすませば』『猫の恩返し』などの世界観をイメージ。『耳をすませば』の「地球屋」「ロータリー広場」、『猫の恩返し』の「猫の事務所」など見所満載
どんどこ森 (約1.8ha)	『となりのトトロ』に映し出された昭和30年代の田園風景を再現。「サツキとメイの家」のほか、散策路にはドングリなどが潜んでいる。裏山頂上と麓をつなぐスロープカー「どんどこ号」はベビーカーや車椅子優先。頂上には木製遊具「どんどこ堂」
もののけの里 (約0.8ha)	『もののけ姫』の里山的風景をイメージ。イノシシ神「乙事主」をモチーフにした滑り台、怪物「タタリ神」のオブジェ、実際に炭焼きできる「炭焼き小屋」などを配置。「タタラ場」を主題にした草ぶき屋根の体験学習施設では、五平餅炭火焼体験もできる
魔女の谷 (約2.9ha)	『魔女の宅急便』『ハウルの動く城』『アーヤと魔女』などに描かれたヨーロッパ風空間。「ハウルの城」「オキノ邸」「グーチョキパン屋」「ハッター帽子店」などを配置。レストラン棟のほか、メリーゴーランド、フライングマシンなどの遊具も

んどこ森」、「もののけの里」の４エリアに、新たに映画『魔女の宅急便』『ハウルの動く城』『アーヤと魔女』などをテーマにした「魔女の谷」エリアや、エリア外には園内を周遊するネコバスが加わった。来場者の密や混雑を極力避けるため、事前予約制を導入。それでも連日、ほぼ満杯で埋まっている。

ジブリパークはテーマパークの概念を根底からひっくり返したと自負している。ここには急降下のジェットコースターも華々しいパレードも水しぶきを浴びるアトラクションもない。クオリティを保つため入場者数を絞っていることから、昭和40年代の大阪万博以来、現在の人気テーマパークにいたるまで、日本人にとって当たり前だった通勤ラッシュのような状況はまったく存在しない。

「サツキとメイの家」　©Studio Ghibli

一方で、ジブリ作品の世界観を正確に表現するため、徹底して再現度の高さにこだわっている。「サツキとメイの家」の和洋折衷の家屋は、昭和30年代の日本のたたずまいを忠実に再現。赤い鼻緒のサツキやメイの下駄、2人の服が入った箪笥《たんす》、卓袱台《ちゃぶだい》、竈《かまど》、五右衛門風呂などが並ぶ。『天空の城ラピュタ』に登場する「空飛ぶ巨大な船」は、2階から、下からと、別角度で細部まで楽しめるように宙空に浮く。『猫の恩返し』の「猫の事務所」は、きちんと猫サイズに小さめに造られ、猫の新聞が届いていたりする。

　湯婆婆の「にせの館長室」「ハウルの城」「乙事主(おっことぬし)」——。どこへ行っても、着ぐるみキャラクターは登場しない。代わって、職人技が光る建物、壁、家具、楽器、小道

湯婆婆の「にせの館長室」

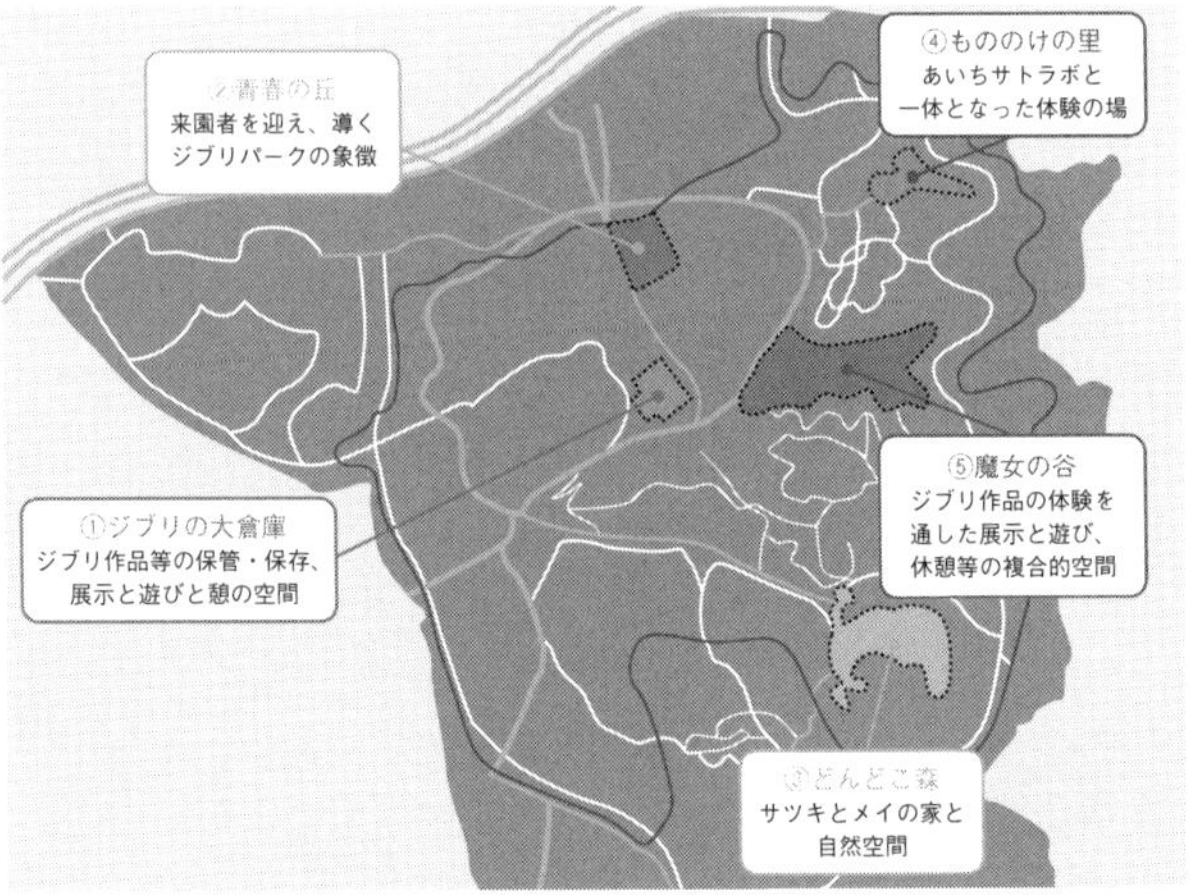

ジブリパークの位置

具などのリアリティーさに囲まれて、目には見えない主人公たちの気配を感じてもらう趣向だ。

パークの大きな魅力は、ゆっくりと散策できる緑豊かな自然だ。バンテリンドーム約40個分（194ヘクタール）の公園のうち、ジブリ作品をモチーフにした5エリアの面積は約7・1ヘクタールに過ぎない。

ジブリパーク監督の宮崎吾朗氏は森林工学を学び、建設コンサルタントとして公園緑地の設計などに携わった。この経験から、パーク内の森、林、丘、登り坂、池などをそのまま活かし、自然と調和した設計となっている。営業を終えた屋内温水プールを活用した「ジブリの大倉庫」や、老朽化したエレベーターを19世紀末の空想科学的な世界観をもとに改修した「エレベーター塔」など、古びた施設も無駄にしていない。

森に溶け込んだようなパーク内を歩いていると、ベンチの上に、それとなく置かれたトウモロコシのオブジェを目にする。サツキとメイがお母さんに届けた、あのトウモロコシだ。ジブリ作品に登場した小物たち(「ジブリの忘れもの」)を発見しながら、ゆっくりと園内を逍遥《しょうよう》(そぞろ歩き)してもらう。そんな仕掛けが潜んでいる。

軍医総監だった石黒忠悳《ただのり》(1845〜1941年)の『懐旧九十年』によると、維新草創の頃、上野の山に大学東校(東京大学の前身)を設けるとの政府案にストップをかけたのは、お雇い蘭医ボードウィン(Anthonius F. Bauduin、1820〜1885年)だったそうだ。ボードウィンは「幽邃《ゆうすい》にして、またと得難い古い樹木のある形勝無類の地を潰ぶし、大木を切り倒すなどは無謀」と大学設置に猛反対。「世界の大都市で天然の庭園がないところでは、すべて人工を以て樹木を植え、新たにそれを設計さえする」と、上野の山の保存を政府へ申し入れ、結局、東大は加賀藩邸跡に立地することになった。

「ジブリの忘れもの」

産業革命以降、欧米では都市近郊や周辺に公園を整備し、散策する習慣が定着した。自然の中を散歩しながら、木漏れ日や木立のやすらぎ、吹き渡る風などを満喫する。確かに、ジブリパークを訪れると、リュックを背負って歓談しながら闊歩する外国人グループをよく見かける。作品の海外人気と相まって、緑豊かなジブリパークは外国人のハートを鷲掴みしたようだ。コロナ禍が終息に向かった２０２３年には、海外個人客向けのチケット販売を開始。全来場者のうち、２割程度を外国人が占めている。

散策の醍醐味をもっと味わってもらおうと、２０２４年３月から、チケットの料金体系を一新した。従来のエリアごとに販売していた手法を見直し、すべてのエリアを巡回で

「メリーゴーランド」(宮崎吾朗監督と)

きる「大さんぽ券」（平日：大人3500円、子供1750円、土・日・休日：大人4000円、子供2000円）などを導入。時間を気にせず、ゆっくりと多くのエリアを巡ってほしい。

「魔女の谷」エリアには、ジブリ作品の装飾を施したメリーゴーランド（定員35人）とフライングマシン（定員子供8人、付き添いの大人も可）も登場。公園全体の外周通路には、『となりのトトロ』のネコバスをモチーフにした電動低速車両「APMネコバス」を運行している。乗り物や遊具で遊びたいといった多様な声にも応え、楽しみ方をグレードアップした。

ジブリパークの手ごたえを感じるにつけ、誘致するために、東京のスタジオジブリや三鷹の森ジブリ美術館などに何度も足を運び、宮﨑駿監督や鈴木敏夫プロデューサーらをく

APMネコバス

「タタラ場」で「五平餅」を体験（体験学習施設）

どき落として、本当に良かったと思っている。だがこれで完成ではない。ハードの整備が一段落したからこそ、ジブリの魅力を活かすソフトづくりに知恵を絞らねばならない。

例えば、野外ラーニングの場として本格活用を考えてはどうだろう。修学旅行、遠足の子供たちをどんどん呼び込み、ジブリ作品を通して、本物の自然、環境、科学技術、絵画、彫刻、音楽、歴史などに触れてもらう。教室から飛び出せば、教科書から習うのとはまったく異なる、新鮮な驚きや喜びに満ちた「まなび」の場となるのは間違いない。子供たちには自然への畏敬、芸術の楽しさ、みえないものへの畏怖、科学や宇宙への憧憬、日本の歴史や文化の多様性などを感じ、育んでほしい。

すでに県民を優先する「愛知県民デー」は設けたが、予約制なのだから、「父子デー」を設け、父子でたっぷり一日楽しむ日をつくり、お母さんに少し楽をしてもらってもいい。来場者の過半を外国人とする「インバウンドデー」というアイデアはどうだろう。公園内で気軽にキャンプ体験ができる「グランピング」の場としての活用も検討に値するだろう。

２０２４年３月、宮崎駿監督の『君たちはどう生きるか』が米アカデミー賞を受賞、ゴールデングローブ賞などを含めて賞を総なめにした。10年ぶりの監督復帰作で、この快挙である。世界に冠たる日本アニメの中でも、最も上質で、ソフトも豊富なジブリ作品群――。その底知れぬ実力は、今後も次々と新たな作品を生み出していくだろう。将来的には、新エリアの創設を含め、無限というべきポテンシャルを、県民の豊かさ、活力、明日への糧につなげていきたい。ジブリの魅力を活かすアイデアや工夫は無尽蔵である。

提言11

◎ジブリの世界観を忠実に再現した「ジブリパーク」で創造力を育め
◎既存テーマパークの概念を覆し、自然に包まれながら散策を楽しむ場に
◎自然、環境、科学技術、芸術、歴史などの野外ラーニングの場として活用
◎「父子の日」「インバウンドデー」などを設け、多様な需要を喚起せよ

12

ジブリパークに続くキラー資源を

地理学の泰斗・青野壽郎《ひさお》博士（1901〜1991年）責任編集による大部の『日本地誌』（1969年刊）で、愛知県については、360ページを割いて、自然、歴史、製造業、農水産業、交通機関などが紹介されている。しかし観光の記述はわずか6ページ。モノづくり王国・愛知の製造業に光があたり、相対的に愛知の観光への関心が低かったことの表れであるが、その状況がジブリパーク開業で、劇的に変化した。

まず外からの注目度が一気に高まった。2023年2月、米NYタイムズ紙は1面でジブリパークの特集記事を掲載。ディズニーランドやUSJとは一線を画す、「Hayao Miyazaki」の独特の世界へ誘《いざな》う場所だと報じた。続く3月には、米タイム誌が「世界の最も素晴らしい場所50選」に、京都と並んでジブリパークのある名古屋を選んだ。

折しも、訪日外国人観光客（インバウンド）数が急回復している。コロナ禍で年間24万人（2021年）まで落ち込んだインバウンド数は2023年に約2500万人まで回復し、2024年には過去最高（2019年の3188万人）を突破する勢いだ。

急回復するインバウンド（単位：万人）

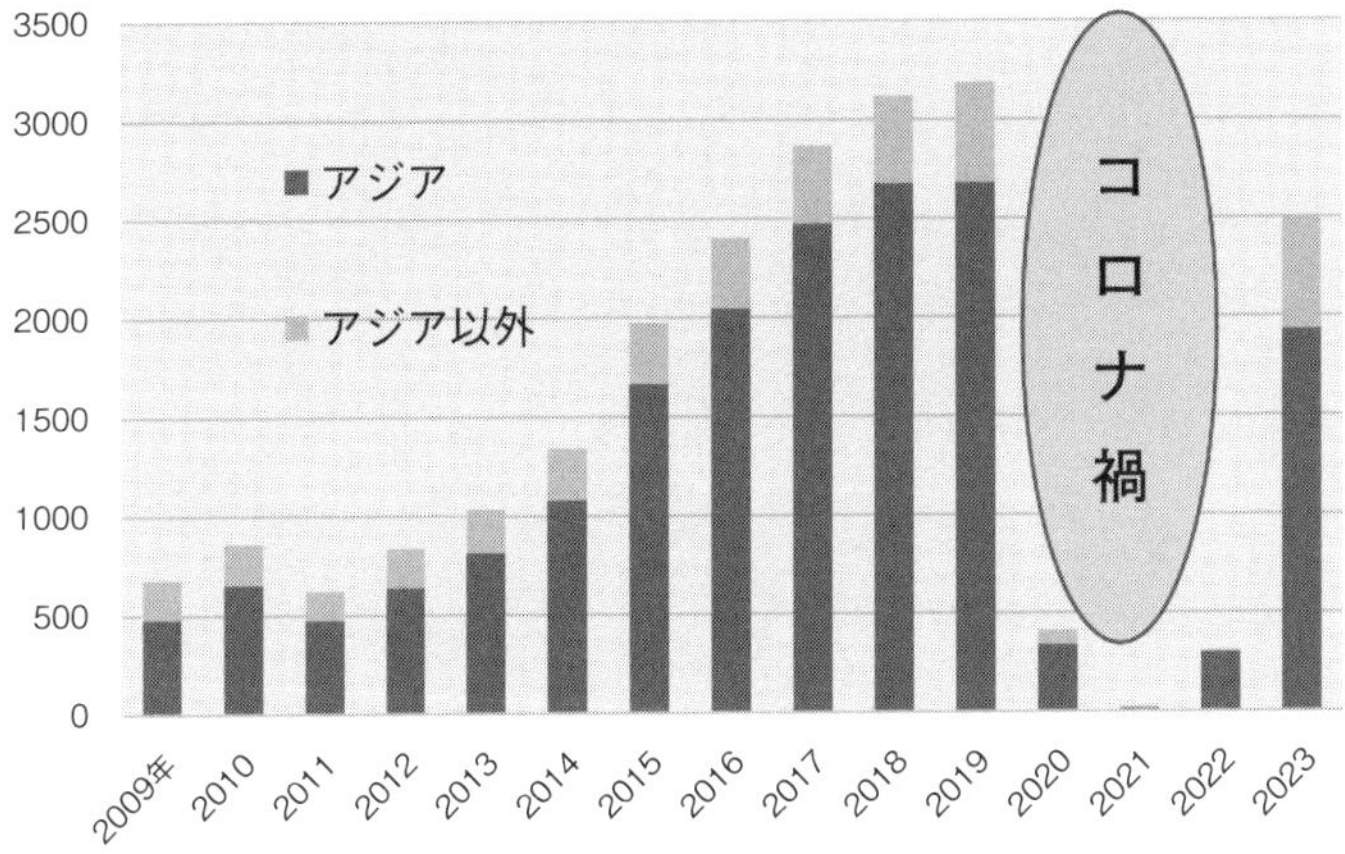

出典）日本政府観光局の訪日外客統計

注目すべきは、アジア以外の訪日客の増加だ。２０２３年には訪日客のおよそ２割を占め、イギリス、フランス、ドイツ、スペイン、アメリカ、カナダなどからの来客が目立つ。この奔流は愛知にも滔《とう》滔《とう》と流れ込んでいる。訪日外国人向けのスマホ用アプリ「Japan Travel by NAVITIME」の２０２３年３～７月の利用状況をみると、長久手市で利用したフランス人はコロナ前（２０１９年３～７月）の45倍、イギリス人は13倍、ドイツ人は８倍、スペイン人は５倍に激増した。

外国人観光客の受け皿として、名古屋中心部には、県市の補助制度の後押しもあって、「T－AD」「（仮称）エスパシオ ナゴヤキャッスル」「コンラッド名古屋」などの高級ホテルが相次ぎ開業していく。大東建託系研究所が地元住民に聞く「街の住みここち」全国ランキング（２０２３年８月発表）では、長久手市が全国３位の芦屋市などを抑えて、２位に食い込んだ（ちなみに１位は東京都中央区）。ジブリパークは明らかに観光面でイノベーションを起こした。

　ジブリパーク全５エリア開園（２０２４年３月）という好機を逃さず、外国人の奔流が県内あちこちに注ぐようにしなければならない。だが専門家の意見を聞くと、ジブリパークを訪れた外国人は国宝・犬山城経由で、岐阜・高山などへと素通りしている傾向が強いそうだ。実際、旅館・宿泊業の雄・星野リゾートは２０２４年秋、奥飛騨温泉郷に高級旅館を開業する。同社の星野佳路代表によると「白川郷や高山から北陸に至る経路は、日本らしい風景を味わえると外国人に人気」だそうで

国宝・犬山城を訪れる観光客

ある。なんとしても、ジブリパークを起点に、県内を周遊してもらう魅力を創らねばならない。

もちろん、手をこまねいていたわけではない。愛知は信長・秀吉・家康の三英傑生誕の地であり、繰り返し大河ドラマなどを活用した観光振興を実施してきた。事実、２０２３年の大河ドラマ『どうする家康』効果で、大河ドラマ館（岡崎市）の来場者数は60万人を超えた。撮影で使った衣装、小道具や出演者のインタビュー映像などが人気をよんだ。

歴史・武将を活かした観光振興では、「愛知のお城観光推進協議会」「愛知県街道観光推進協議会」（両協議会は、現在は「あいちの歴史観光推進協議会」に統合）を設け、忍者隊などを編成し「サムライ・ニンジャ・フェスティバル」「にっぽん城まつり」などを開催。ユネスコの無形文化遺産に登録された「山・鉾・屋台行事」（全国で33件）のうち愛知は全国最多の5件を占めており、山車文化のＰＲにも注力している。外国人誘客のため、日台観光サミットの開催、パリの「Japan Expo」への出展、「愛知・名古屋ＭＩＣＥ推進協議会」の創設などに取り組んできた。

ジブリパークを起点にした10の周遊コースを創り、観光消費を面として促す施策も講じた。例えば、ジブリ映画『風立ちぬ』（２０１３年公開）に描かれた零戦を展示した「あいち航空ミュージアム」や、カブトビール広告塔のある「半田赤レンガ建物」などを巡るコースを推奨。10のコースには「名古屋城」「名古屋港水族館」「瀬戸蔵ミュージアム」「蒲郡温泉郷」「茶臼山高原」「湯谷温泉」なども盛り込んだ。

パリ「Japan Expo」に出展

しかし、実際に多くの人の流れを創り出すのはこれからである。愛知は世界に冠たるモノづくり県で雇用の場も確保されてきただけに、おのずと、民間ビジネスは第二次産業を中心に成長してきた。行政の軸も、製造業振興に重点を置いてきた点は否めない。しかし、愛知の未来の成長戦略には、製造業に加えて、観光やコンテンツも創っていく必要がある。県が旗振り役となって民間と協調し、ジブリパークに続くキラー観光資源の創造に挑まねばならない。

ジブリパークとの親和性を考えると、アニメ、映画、ドラマなどのロケ・アニメツーリズムを、失敗を恐れず、何度も繰り返し推進すべきだろう。従来のロケ誘致に力点を置く「フィルムコミッション」とは異なり、コンテン

効果を挙げた主なロケ·アニメツーリズム

作品名	時期	内容
『SLAM DUNK』	1990年〜	井上雄彦氏原作。中華圏でのバスケブームの火付け役。漫画に続きアニメ、映画もヒット。作品に登場する高校のある鎌倉周辺には中国、台湾などからの訪日観光客でオーバーツーリズムが発生
『頭文字D（イニシャルD）』	1995年〜	しげの秀一氏原作の「走り屋」をテーマにした漫画。アニメ、映画も制作され、作品に登場する「秋名山」（あきなやま）のモデルとなった榛名山、赤城山、群馬県渋川市などにクルマ好きの外国人が殺到
『らき☆すた』	2004年〜	もともと美水かがみ氏原作の4コマ漫画。アニメ、ゲーム、小説など複数メディアで作品化。作品に登場する「鷹宮神社」のモデルとなった鷲宮神社（埼玉県久喜市）の初詣客は47万人に激増
中国映画『非誠勿擾』※邦題：『狙った恋の落とし方』	2008年	2008年末公開の正月映画。映画後半部分に阿寒湖、釧路、知床、能取岬などの北海道東部の雄大な自然が登場。中国から北海道へのチャーター便が就航するほどの北海道人気に
アニメ映画『君の名は。』	2016年	新海誠監督作品。飛騨高山に観光客が殺到。映画に登場する「組紐」体験、五平餅などが人気に。新海作品は『天気の子』（渋谷区代々木）『すずめの戸締まり』（岩手県、宮崎県など）なども登場舞台が人気に
タイ映画『Timeline〜思い出の手紙〜』	2014年	タイの佐賀ブームのきっかけ。翌2015年にはタイドラマ『Koi Kimono〜きもの秘伝〜』のロケ地ともなり、その後 フィリピンやマレーシアの作品を積極的に撮影し、東南アジアからの集客に成功
中国映画『唐人街探案3』	2021年	中国の人気シリーズ映画の第3作で、舞台は日本。邦題は『僕はチャイナタウンの名探偵』。名古屋国際会議場でも撮影された

ツの中身を活用して、観光資源を創造する試みだ。

例えば、バスケ漫画『SLAM DUNK』（原作・井上雄彦氏）に登場する江ノ島電鉄や鎌倉高校などの鎌倉周辺には中華圏から外国人が殺到し、アニメ映画『君の名は。』（新海誠監督）が飛騨高山ブームを起こした。佐賀県では、タイ映画『Timeline～思い出の手紙～』を機に、祐徳稲荷神社（佐賀県鹿島市）などが東南アジアからの集客に成果を挙げている。コンテンツの物語性をもって、地元の人にとってはありふれた神社・仏閣、学校、駅などや自然、風景、食などを「聖地」となし、インバウンドを呼び込む手法だ。

NHKの朝ドラ（連続テレビ小説）も大いに参考にすべきだ。100回を超える朝ドラの歴史の中で、愛知が主な舞台となったのは3回である。単一ドラマで複数の都道府県が舞台になることが多いことを考慮すると、3回は少ないとも言える。最近は、植物学の牧野富太郎博士、歌手の笠置シヅ子氏、日本初の女性弁護士・三淵嘉子氏、漫画家のやなせたかし氏と、実在の人物

愛知が舞台となった主な朝ドラ

回数	題名	県内の主な舞台	放映期	主な出演者
第46回	**君の名は**（脚本家・菊田一夫の代表的ドラマ）	**名古屋市**（主人公の後宮春樹が勤務する出版社の所在地）	1991年	鈴木京香、倉田てつを、いしだあゆみ、布施博、加藤治子
第74回	**純情きらり**（原作は津島佑子『火の山―山猿記』）	**岡崎市**（ヒロインの父は岡崎市職員、ヒロインの夫の生家は八丁味噌蔵元）	2006年	宮﨑あおい、福士誠治、寺島しのぶ、竹下景子、戸田恵子
第102回	**エール**（古関裕而・金子夫婦がモデル）	**豊橋市**（主人公の妻の生家が豊橋市の蹄鉄・馬具商店）	2020年	窪田正孝、二階堂ふみ、唐沢寿明、薬師丸ひろ子、松井玲奈

をモデルにした朝ドラは多い。

愛知は「前畑ガンバレ」の前畑秀子選手（椙山女学校出身）、100メートル道路の田淵寿郎・名古屋市元助役、日本冶金学の父・本多光太郎博士（岡崎市出身）、愛知医学校校長で東京復興の大役を担った後藤新平伯爵といった、朝ドラに打ってつけの人物を輩出している。スタートアップの揺り籠「STATION Ai」内の産業偉人展示施設「あいち創業館」には50人を超える傑物が並ぶ。愛知ゆかりの偉人・著名人の朝ドラ放送は、魅力的な誘致策となるだろう。

米タイム誌はジブリパークとともに、ウイスキー蒸溜所であるサントリー知多蒸溜所（知多市）も紹介した。残念ながら、一般の人は知多蒸溜所を見学できないが、産業観光を含めて、愛知には豊富な観光資源が眠っていることを物語っている。

観光人気はどこで火が付くか予想できない。全国で数多くのロケ・アニメツーリズムがあるが、空振りや一過性に終わることも多い。だからこそ、できるだけ多種多様な施策を推進し、観光の宝を発掘する努力を継続的に進めねばならない。このあたりは、スタートアップの育成やイノベーションの創出に似ており、観光面でも、ダイバーシティ戦略が必須である。

2023年のインバウンド消費額は5兆2923億円と過去最高を更新した。人口減少が進む日本では、いずれインバウンド消費がGDPの2%、3%を占め、巨大産業並みのパワーをもつことになる。2025年夏にIGアリーナ（愛知国際アリーナ）が開業し、2026年にはアジア競技大会・アジアパラ競技大会を開催し、愛知を訪れる外国人は一段と増えるだろう。『日本地誌』が指摘した製造業集積地であると同時に、インバウンドの受け皿も豊富な一大観光県となるよう、キラー資源の発掘・育成が急務である。

提言12

◎コロナ禍明けの、インバウンドの奔流を逃がすな

◎ジブリパークで高まった愛知への注目度を活用せよ

◎ジブリパークとの親和性を追い風に、ロケ・アニメツーリズムに挑戦せよ

◎神社・仏閣、学校、駅、風景、食などを「聖地」となし、観光資源を発掘すべき

13

スポーツの力を活かす

２０２３年秋、４年ぶりに中国の杭州市を訪れた。コロナ禍で１年遅れとなった杭州アジア競技大会は、感動の連続だった。

病を克服した池江璃花子選手は50メートルバタフライで、惜しくもライバル張雨霏選手（中国）に敗れたが、涙を流しながら抱擁する２人の姿が鮮烈だった。女子バレーボール初出場のアフガニスタン代表が、圧倒されながらも日本から初得点を奪うと、会場は万雷の拍手に包まれた。日本ソフトボールの６連覇、女子レスリング藤波朱理選手の１３０連勝などに引けをとらない、

杭州大会フラッグハンドオーバーセレモニー
2023年10月29日、中日新聞に掲載
（同社許諾を得て転載）

歴代視聴率ランキング

順位	番組名	放送日	視聴率・%
1	第14回ＮＨＫ紅白歌合戦	1963年12月	81.4
2	東京五輪女子バレー　日本vsソ連	1964年10月	66.8
3	W杯男子サッカー　日本vsロシア	2002年06月	66.1
4	プロレスWWA世界選手権 力道山vsデストロイヤー	1963年05月	64.0
5	世界バンタム級タイトルマッチ ファイティング原田vsエデル・ジョフレ	1966年05月	63.7
6	ＮＨＫ朝ドラ「おしん」	1983年11月	62.9
7	W杯男子サッカー　日本vsクロアチア	1998年06月	60.6
8	世界バンタム級タイトルマッチ ファイティング原田vsアラン・ラドキン	1965年11月	60.4
9	ＮＨＫニュース 「ついに帰らなかった吉展ちゃん」	1965年07月	59.0
10	第20回夏季五輪ミュンヘン大会	1972年09月	58.7

注）新聞報道などから作成。視聴率は関東地区の世帯視聴率で、五輪、Wカップ、ドラマなど会期・放映中の最高視聴率を掲載

ひた向きな姿が随所で光った。

現代において、スポーツほど感動、興奮、驚き、共感をよぶコンテンツはない。テレビの歴代視聴率ランキングをみると、ＮＨＫの紅白歌合戦や朝ドラ（連続テレビ小説）に伍して、上位を多くのスポーツ中継が占める。21世紀以降に限れば、ベスト５はすべて「サッカーW杯」と「五輪」だ。

２０２６年秋、愛知・名古屋の地に、第20回アジア競技大会と第５回アジアパラ競技大会がやってくる。人々を魅了するスポーツの圧倒的な力を、愛知の進化や活性化に活かす絶好機が到来する。45カ国・地域から迎えるアスリートたちが、今夏のパリ五輪の32競技に加え、野球・ソフトボール、空手のほか、アジア発祥のカバディや武術太

「アジア競技大会・アジアパラ競技大会」の概要

	第20回 アジア競技大会	第5回アジアパラ競技大会
スローガン	「IMAGINE ONE ASIA ここで、ひとつに。」	「IMAGINE ONE HEART こころを、ひとつに。」
開催時期	2026年9月19日～10月4日	2026年10月18日～24日
会場	メイン会場は名古屋市瑞穂公園陸上競技場（パロマ瑞穂スタジアム）。愛知県内を中心に、アジア競技大会は約50、アジアパラ競技大会は約20会場で実施。競泳・飛込・馬術は東京で開催。サッカーは静岡、岐阜、京都、大阪などで開催	
実施競技	41競技	18競技
参加国	45カ国・地域	
参加者数（選手・チーム役員ら）	1万5000人	3,600～4,000人

アジア大会の各競技の開催自治体地図（愛知県外）

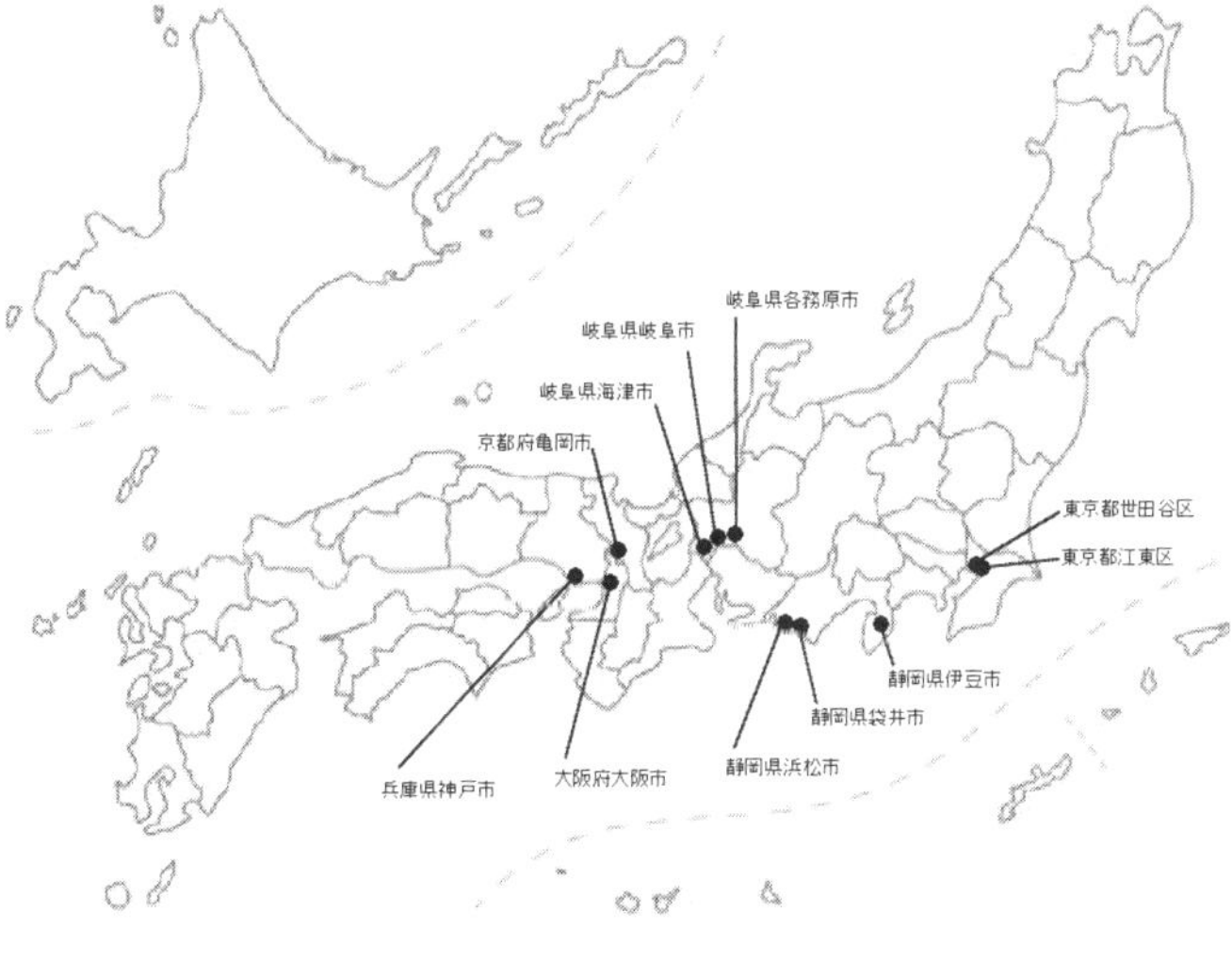

極拳、コンピューターゲームの手腕を競うeスポーツなどで、熱戦を繰り広げる。

今大会を、スマートで機能的で実効性の高い、国際スポーツ大会のモデルとしたい。2021年東京五輪の汚職・談合の影響から、国際スポーツ大会に向けられる目はかつてなく厳しい。札幌市ではその余波を受けて支持が広がらず、冬季五輪の誘致断念に追い込まれた。加えて諸物価高騰で大会経費はかさみ、当初見積もった予算では、開催が難しいことも残念ながら事実である。ここは、知恵の絞りどころだ。

まず巨額予算を投じ、あちこちに箱モノを造り、膨大な債務だけを残してきた前例から脱却する必要がある。巨額の予算がかかる「選手村」の建設をとりやめ、既存のホテルを活用することにした。競泳・飛込と馬術競技は、東京に立派な競技施設があるのだから、これを有効活用する。要は、肥大化部分を徹底して削り、活用できるものは最大限活用し、スマートで合理的な大会にすることで、県民の理解を得ていきたい。

従来の慣習に囚われず、「常識」を疑い、国際スポーツ大会のイノベーションを起こしたい。「選手村なし」に対し、選手同士が交流・刺激しあう場が限られるとの懸念があるようだ。選手らには、警備をしっかりしたうえで、ジブリパーク、名古屋城などで交流しながら楽しんでもらいたい。大会はアスリートや大会関係者だけのものではない。多くの県民やボランティアの支援があって成立する。選手らには、県内の学校・教育施設やスポーツ施設へ足を運んでもらい、一流のプ

IGアリーナ（愛知国際アリーナ）の完成予想図
©Aichi International Arena Co.,Ltd.
画像はイメージです。デザインなどは変更になる場合があります。

「IGアリーナ(愛知国際アリーナ)」の概要

名称	英金融のIGグループが命名権を取得
オープン時期	2025年7月
場所	名城公園北園内（名古屋市北区）
広さ	敷地面積：約4.6ヘクタール 建築面積：約2万6500平方メートル 延床面積：約6万3000平方メートル
設計	建築家・隈研吾氏が設計。木の柱で覆う大胆なデザインを採用し、名古屋城を中心とした名城公園の自然との一体感が持ち味
施設・設備	横浜アリーナや有明アリーナをしのぐアジア最大規模のアリーナ。5階建て（客席は4階まで）。メインアリーナ（4600平方メートル）天井に大型映像装置を設け、スポーツのほかコンサートなどで活用可能。サブアリーナ、多目的ホールも完備。飲食店約20店
収容人数（計画値）	・メインアリーナ観客数：最大1万7000人（立ち見含む） ・大相撲開催時：1万1000席 ・フィギュアスケート国際大会：1万4100席 ・バスケットボール国際大会：1万5000席
事業方式	民力を活かして設計・建設から維持・管理・運営までを一体で行うPFI手法「BTコンセッション方式」
事業者	NTTドコモ（維持管理・運営）、前田建設工業（設計・建設等）、米アンシュッツ・エンターテイメント・グループなどで構成する株式会社愛知国際アリーナ

レーの一端を披露して、子供たちと交流するのも手だ。そこから未来の池江選手や藤波選手が出てくるかもしれない。

　もちろんアスリートが活躍する大舞台も用意する。老朽化が目立つ愛知県体育館を名城公園北園に移転・新築。日本を代表するスマートアリーナとなるＩＧアリーナ（愛知国際アリーナ）として２０２５年夏にオープンする。柔道、レスリング、ブレイキン（ダンススポーツ）、車椅子バスケットボール競技などを実施し、国際スポーツ大会にふさわしい大舞台とする。大会後も大相撲名古屋場所やバスケ、バレー、卓球など国際スポーツ大会の会場となるほか、コンサート、各種イベントの拠点となる。名古屋市のど真ん中に１・５～１・７万人規模の集客施設があることは、東アジ

IGアリーナ（愛知国際アリーナ）の完成予想図
©Aichi International Arena Co.,Ltd.
画像はイメージです。デザインなどは変更になる場合があります。

アの都市間競争からみても、計り知れないアドバンテージになると確信している。

アリーナを運営するのは、NTTドコモや前田建設工業などが運営参画する「株式会社愛知国際アリーナ」で、米最大手スポーツ・エンターテイメント事業会社であり世界各地でアリーナ運営実績をもつ米アンシュッツ・エンターテイメント・グループ（AEG）も共同事業者である。同社のスティーブン・コーヘン上級副社長は来日時にアリーナ予定地をみながら「世界基準のコンサートを開けることを楽しみにしている」と語った。IGアリーナのオープンによって、世界レベルの文化活動や経済活動が活発となり、愛知県の一段の成長を期待できる。しかも英金融のIGグループが命名権を取得したことで、アリーナのグローバルイメージが一段と増すことになろう。

日本で初めてアジアパラ競技大会を開くのだから、障害者に優しい街づくりを進める契機にもしたい。大会運営ガイドラインで、観客席の車椅子席比率を「1％以上」、車椅子競技では「1・2％以上」とした。バリアフリー化を促す県の補助制度を創設し、ホテル・宿泊施設、競技施設、交通機関、通路などで、視覚障害者向けの点字、誘導ブロック、障害者用トイレを整備し、段差解消などに取り組みたい。重要なことは、大会を絶好のタイミングととらえ、バリアフリー化の流れを県内全体に行き渡らせることだ。

学校での部活動改革の好機にもしたい。教員の過重勤務、勝利至上主義の行き過ぎ、体罰やハラスメントの横行などが問題視され、スポーツ庁・文化庁は学校部活動を改革し、２０２５年度までに、少なくとも土日の部活動を地域クラブへ移行させる方針を示した。ただ指導者や民間クラブなどの受け皿が不足しており、改革は容易ではない、とされる。

アジア大会を機に、県内で積極的に指導者や民間クラブを創設・育成してみてはどうだろうか。もちろん時間はかかるだろう。しかしビールのミニ樽からカーリングを始めた北海道常呂町（現・北見市）は、いまやメダリストを輩出する街になった。カバディ会場となる東海市にカバディ・クラブが誕生し、目隠ししながら鈴入りボールのゴールを競うゴールボールが豊橋市でブームとなるかもしれない。学校という閉じた社会に籠るのではなく、子供たちが、余暇を

車いすテニスの小田凱人選手（一宮市出身）にスポーツ顕彰を授与

活用し、自主的に選択するスポーツ環境を整えるチャンスと考えるべきだ。

人口が増え続けるアメリカで、2022年に最も人口が増えた州がテキサスだ。石油・天然ガス、自動車、医療、航空・宇宙などの産業が集積し、税金や生活コストが安く、大学・教育機関もそろっているうえ、スポーツ・エンターテイメントが豊富な点も見逃せない。野球（MLB）のアストロズやレンジャーズ、アメフト（NFL）のダラス・カウボーイズ、バスケット（NBA）のヒューストン・ロケッツ、アイスホッケー（NHL）のダラス・スターズなど有力プロチームが目白押しだ。スポーツには住民を吸い寄せる魅力がある。

意外なことに、アジア競技大会はこれまで日本で2度しか開かれていない。1951年創設の歴史ある大会でありながら、日本の開催回数はタイ（4回）、中国（3回）、韓国（3回）を下回る。高嶋航・早大教授によれば、いかに日本が「オリンピックを重視し、アジアを軽視していたかの表れ」だという。

例えば、朝鮮半島の緊張でソウルが開催返上した1970年大会や、石油ショックの影響でシンガポールやイスラマバードが相次いで返上した1978年大会は、アジア各国から日本へ強い開催要請があったが、結局、引き受けたのはバンコクだった。もちろん国際スポーツ大会には、時々の国際情勢が影を落とす。しかしアジア大会の使命は、国際社会の分断を乗り越え、友情と連帯を育み、平和なアジアを展望することにある。

思い出してほしい。日韓関係が冷え切った２０１８年の平昌冬季五輪。女子スピードスケートで金メダルの小平奈緒選手は、泣きじゃくる韓国の李相花選手に滑り寄り、優しく抱きしめた。その差、わずか０秒39。血のにじむような研鑽を積み、世界最速を競い続けてきた２人が一緒にリンクを回る姿は、何ものにも代えがたい尊さに満ちていた。中東情勢やウクライナ情勢が予断を許さない現在だからこそ、多くの国・地域が一堂に会し、アジアの平和と発展に真に貢献する大会としたい。

アジア競技大会の歴史

開催年	開催都市	参加国・地域	競技数
1951	ニューデリー	11	6
1954	マニラ	18	8
1958	東京	20	13
1962	ジャカルタ	17	14
1966	バンコク	18	14
1970	バンコク	18	13
1974	テヘラン	25	16
1978	バンコク	27	19
1982	ニューデリー	33	20
1986	ソウル	27	25
1990	北京	37	27
1994	広島	42	34
1998	バンコク	41	36
2002	釜山	44	38
2006	ドーハ	45	39
2010	広州	45	42
2014	仁川	45	36
2018	ジャカルタ・パレンバン	45	40
2023	杭州	45	40
2026	愛知・名古屋	45	41
2030	ドーハ	未定	未定
2034	リヤド	未定	未定

出展）各種新聞報道から作成、2010年大会からアジアパラ競技会も開催

提言13

◎スポーツの圧倒的な力を、愛知の進化と活性化に活かせ

◎愛知・名古屋アジア・アジアパラ大会を、スマートで機能的な国際スポーツ大会の新モデルとせよ

◎ＩＧアリーナ（愛知国際アリーナ）はスポーツだけでなく、音楽・芸術などの総合発信基地へ

◎学校の部活動に代わる、地域スポーツクラブなどの育成の好機とせよ

14 アートが起こす都市興隆

世界最古で最高峰の芸術祭、ヴェネチア・ビエンナーレには驚かされた。２０１１年11月、駆足ながら水の都ヴェネチアの街中に展示された壮大な現代アート群を視察して回った。

90を超える参加国が展示内容を競いあう「芸術のオリンピック」といわれるだけに、著名芸術家を追悼する大スクリーン映像のドイツ館、廃墟の迷路に迷い込んだようなイギリス館、天井と井戸がひっくり返ったような日本館などに、圧倒され放しだった記憶がある。美術祭だけでなく、映画、音楽、演劇祭なども開催されており、会期中、街はアート一色だった。

ゲルマン人に追われたヴェネト人が遠浅のラグーン（潟）

ヴェネチア・ビエンナーレを視察

に築いた人工都市国家・ヴェネチアは地中海貿易を独占し、北イタリアからキプロスに至る大帝国を築いた。しかし大航海時代の到来後、ナポレオンに滅ぼされ、イタリア統一によって凋落を余儀なくされる。そんな歴史の中に埋没しかかったヴェネチアが着目したのが芸術だ。文化イベントで都市興隆を図る、という当時としては極めて斬新な発想だった。

　というのも地中海貿易で富を築いたヴェネチアは、ティツィアーノ（１４９０年前後～１５７６年）、ヴェロネーゼ（１５２８～１５８８年）らの芸術家を生み、ターナー（１７７５～１８５１年）やモネ（１８４０～１９２６年）がその魅力に取りつかれて数多くの名作を残した。幾多の戦争や外交交渉の中で、ヴェネチアは有効な武器として芸術を駆使。オ

ヴェネチア・ビエンナーレとは

概要	世界最古（1895年開始）の国際総合芸術祭。2年に1度（ビエンナーレはイタリア語で「2年に1度」の意）、ほぼ半年以上にわたって開催。造船所跡のアルセナーレと、ジャルディーニ公園を中心に、ヴェネチアの街中が会場となる。「ドクメンタ」「ミュンスター彫刻プロジェクト」と並ぶ3大国際芸術展の１つで、現代アートの動向を国際的視点から俯瞰できるとして世界的に注目度が高い。
6部門	1930年に音楽祭、1932年に映画祭、1934年に演劇祭、1975年に建築祭が加わり、1999年には舞踏祭が音楽祭から独立し、現在６つの芸術祭部門と、歴史アーカイブ部門がある。美術祭は偶数年に、建築祭は奇数年に隔年開催、その他の部門は毎年開催。
美術祭	100近い参加国が各国展示館（国別パビリオン）で展示内容を競う「芸術のオリンピック」と、総合ディレクターのテーマに沿って世界から選ばれた100人近いアーティストが参加する企画展がある。最高賞はいずれも金獅子賞。
日本	日本は美術祭に1952年から参加。棟方志功（1956年）、池田満寿夫（1966年）らが国際賞を受賞。2012年の建築展では、震災をテーマとした日本館が最高賞（金獅子賞）を受賞した。ヴェネチア国際映画祭もヴェネチア・ビエンナーレの一部であり、黒澤明、北野武監督らが金獅子賞を受けて話題を呼んだ。

愛知国際芸術祭(2022)の展示物(塩田千春「《糸をたどって》2022」)

スマン帝国や神聖ローマ帝国の有力者らの肖像画などに応じることで、交渉を有利に展開していた、とされる。

歴史に裏打ちされた蓄積と経験から、ヴェネチアは1895年、第1回ヴェネチア市国際芸術祭を挙行した。展示場1カ所のみの開催にもかかわらず、約22万人の来場者を集めた、という。その後、美術祭は音楽祭、映画祭、舞踏祭、建築祭などへと対象を広げ、現代アートの最高峰としての名声を獲得。2年ごとのビエンナーレは、世界に数多い国際芸術祭のモデルとなった。コロナ前の2019年には、開会式だけで2万4000人の美術関係者を集め、会期中約60万人の来場者があったと、ビエンナーレ財団は発表している。

愛知も、アートの力を活かさねばならない。

ヴェネチア・ビエンナーレを参考にしながら、2010年、愛知県は現代アートの祭典として第1回目の国際芸術祭を開催した。以後、3年ごとに開催を重ね、日本では最大規模の祭典に成長したと評価されている。当然、「世界の文化芸術の発展に貢献する」という目的もあるが、多くの県民に真のアートに触れてもらい、日々の暮らしに文化の香りや潤いをもたらしたい。

実は愛知県と他の日本の地域の人口移動をみると、東京圏に対してのみ転出超過であり、特に進学・就職などで20～24歳の女性の転出が顕著である。若年女性の意識調査（2017年度実施）によると、「最先端の文化・芸術や流行に触れることができる」「夜遅くても買い物や飲食、娯楽を楽しむことができる」など

愛知国際芸術祭（2022）の展示物（レオノール・アントゥネス「主婦とその領分」）

国際芸術祭「あいち2025」の概要

会期	2025年9月13日～11月30日の79日間
会場	愛知芸術文化センター、愛知県陶磁美術館、瀬戸市の街中を主会場として県内で広域展開
主催	国際芸術祭「あいち」組織委員会（会長大林剛郎・大林組会長）
芸術監督	フール・アル・カシミ（Hoor Al Qasimi）国際ビエンナーレ協会会長
テーマ	「A Time Between Ashes and Roses」（灰と薔薇のあいまに）
内容	国内最大規模の国際芸術祭。内外から多数のアーティストが参加し、国際色豊かな現代アートを基軸に、先鋭的な演劇、ダンスなどの舞台芸術を上演。ラーニング・プログラムなども実施し、アートの多様性を発信する

の回答率が、愛知県在住者（４割前後）より東京圏在住者（９割超）の方が極端に高く、愛知は娯楽・文化面で見劣りすると感じている若年女性が多いようだ。国際芸術祭を繰り返し開催し、日常生活を豊かにし、文化面でも選ばれる愛知に変容していきたい。

来年、２０２５年９月から11月にかけて、６回目となる国際芸術祭「あいち２０２５」を開催する。テーマは「A Time Between Ashes and Roses（灰と薔薇のあいまに）」で、現代美術展のほか、アーティストが舞台上で舞踏などを演じるパフォーミングアーツなど、さまざまな表現形式で、アートの多様性（ダイバーシティ）を愛知から発信する。

そう、国際芸術祭はダイバーシティの宝庫なのだ。

現在、開催中の第60回ヴェネチア・ビエンナーレでは、日本パビリオンのキュレーター（展覧会企画者）を韓国人のイ・スッキョン氏が務めている。イ氏はソウル生まれの英国在住で、マンチェスター大学ウィットワース美術館館長やロンドンの現代美術館「テート・モダン」のキュレーターを歴任している。

国際芸術祭「あいち2025」では、芸術監督をアラブ首長国連邦出身のフール・アル・カシミ（Hoor Al Qasimi、1980年〜）氏にお願いした。中東と世界中のアートを支援するためのシャルジャ美術財団（2009年発足）の理事長兼ディレクターを務めており、ニューヨークの「MoMA PS1」や北京のユーレンス現代美術センターなどの役員を歴任している。

キュレーターや監督だけでなく、国際芸術祭では、アーティストの国籍、性別などはてんでバラバラ。だからこそ、思いもつかない

カシミ監督（左）、大林組織委員会会長（右）と

発想が飛び出してくる。日本人にとって、どちらかといえば「苦手分野」である多様性に触れ、既成概念にとらわれない発想を獲得してほしい。

文部科学省が力を入れる「ＳＴＥＡＭ（スティーム）教育」の支援にもつながる。ＳＴＥＡＭとは科学、技術、工学、芸術、数学の英語の頭文字から命名された教育用語。ネット社会が到来し、アメリカは21世紀初頭に、イノベーションを加速する人材育成のため、学校教育にＳＴＥＭ教育を導入した。しかしＳＴＥＭ（科学・技術・工学・数学）だけでは専門分野の隘路に入り込み、タコツボ思考に陥りやすい。そこでＳＴＥＭにＡ（芸術）を加えれば拡散思考ができ、創造的発想につながるとの考えだ。

例えば、科学者や技術者がイラスト、アニメ、動画、模型などを自由に使えれば、表現力やコミュニケーション力が向上して相互理解が進むうえ、創造の翼が広がる。愛知の子供たちにも、本物のアートに触れることで、柔軟で創造的な発想ができる人材に育ってほしい。

国際芸術祭を機に、洗練された街づくりにも取り組んでいきたい。愛知で最初の国際芸術祭は、愛知芸術文化センターや長者町、納屋橋など名古屋市内が中心だった。２回目は岡崎の街へ、３回目には豊橋市へ、４回目には豊田市へとエリアを広げ、前回は一宮市や常滑市にも会場を設けた。次回の２０２５年は、瀬戸市の街をも、内外のアーティストの作品が彩るはずだ。

１９８９年に開催した世界デザイン博覧会後、「名古屋の街がきれいになった」との声をよく

愛知国際芸術祭の歴史

開催年	テーマと主な会場	入場者数	開催時期・期間
2010年	都市の祝祭　Arts and Cities 愛知芸術文化センター、名古屋市美術館、長者町会場・納屋橋会場（名古屋市内）	約57万2000人	8月21日～10月31日（72日間）
2013年	揺れる大地―われわれはどこに立っているのか：場所、記憶、そして復活 Awakening - Where Are We Standing? - Earth, Memory and Resurrection 愛知芸術文化センター、名古屋市美術館、長者町会場・納屋橋会場（名古屋市内）、東岡崎駅会場・康生会場・松本町会場（岡崎市内）	約62万6800人	8月10日～10月27日（79日間）
2016年	虹のキャラヴァンサライ　創造する人間の旅 Homo Faber: A Rainbow Caravan 愛知芸術文化センター、名古屋市美術館、長者町会場・栄会場・名古屋駅会場（名古屋市内）、PLAT会場・水上ビル会場・豊橋駅前大通会場（豊橋市内）、東岡崎駅会場・康生会場・六供会場（岡崎市内）	約60万1600人	8月11日～10月23日（74日間）
2019年	情の時代　Taming Y/Our Passion 愛知芸術文化センター、名古屋市美術館、四間道・円頓寺会場（名古屋市内）、豊橋市	67万5900人	8月1日～10月14日（75日間）
2022年	STILL ALIVE　今、を生き抜くアートのちから 愛知芸術文化センター、一宮市、常滑市、有松地区（名古屋市内）	約48万7800人	7月30日～10月10日（73日間）

聞いた。ビルバオ市（スペイン・バスク州）は造船・鉄鋼業で衰退した街並みを、「グッゲンハイム美術館」（1997年開館）が主導した大規模都市開発で、見事に現代アートの街に再生してみせた。これに続けと、白鳥のような「ミルウォーキー美術館」（米ウィスコンシン州、2001年開館）はミルウォーキーの倉庫街をアートとファッションの街へ変貌させ、宇宙船のような現代美術館「クンストハウス・グラーツ」（オーストリア）は中世の趣が色濃く残るグラーツ市に新風を吹き込んだ。

世界は、アートによる都市興隆の好例に満ちている。国際芸術祭を契機に、伝統的な地域の魅力を内外に発信すると同時に、洗練された街並みの再生にも努め、地域の興隆につなげていきたい。

提言14

◎ヴェネチア・ビエンナーレを手本に、アートで活性化に挑め
◎国際芸術祭を活用し、アートを通じて愛知からダイバーシティの大切さを発信
◎STEAM教育の支援につなげ、創造的発想を育め
◎国際芸術祭を機に、洗練された街づくりに取り組め

15 休日分散というイノベーション

恥ずかしながら、日曜や休日も記念式典や表彰式などの公務が多く、連休の観光地がこれほどの惨状とは、実感できなかった。２０２２年の黄金週間、初孫のお宮参りのため関東方面へ出かけたら、ＪＲはぎゅうぎゅう、道路は大渋滞、排気ガスは出し放題。飲食店料金がべらぼうに高くて混雑を極め、サービスもとても満足できるものではなかった。まさにオーバーツーリズム。惨状のただ中に置かれて、「これはおかしい、何とかしなくては」との思いが、休み方改革に乗り出すきっかけだった。

愛知では２０２３年度から、現在の愛知県が誕生した11月27日を「県民の日」とした。この日を含む一週間を「あいちウィーク」とし、県立学校では学校長の判断で、７日間のいずれか１日を「県民の日学校ホリデー」として休校日にしてもらう。

２つ目の施策として、登校しなくても欠席にならない「ラーケーションの日」を導入した。ラーケーションとはラーニング（学習）とバケーション（休暇）を組み合わせた造語で、休日に保護者が仕事で休めない家庭には、平日に子供と一緒に過ごしてもらうよう促す施策である。「ラーケーションの日」は年間3日まで取得可能で、1日ずつ取ってもいいし、3日連続で取得することも可能だ。

両施策とも保護者の有給休暇の取得を促すと同時に、子供らには学校以外の「まなび」の場で家族と一緒に新たな発見、驚き、楽しみを見つけてもらおうとの趣旨だ。何より休日の分散・平準化を進める政策の一環である。これは単に休日の観光地の混雑緩和や渋滞解消を狙ったわけではない。日本の観光業が陥っている深刻な問題を解決しようとの目的があることを強調しておきたい。

日本の旅行消費額は約28兆円で、建設業や金融業に匹敵する一大産業である。しかし、観光業に従事する人の1人当たりの稼ぐ力(付加価値額、2019年)をみると、観光関連産

「休み方改革」プロジェクト

◎ 愛知県民の日(11/27)

・あいちウィークを契機とした「休み方改革」の推進
・あいちウィーク(毎年11/21～27)におけるイベント等

◎ 家族と子どもが一緒に過ごせる仕組みづくり

・「県民の日学校ホリデー」の実施
(2023年度は、県内全54市町村の公立学校、8割以上の私立学校で実施)
・「ラーケーションの日」の推進に向けた環境整備

◎ 休暇を取得しやすい職場環境づくり

・休み方改革マイスター企業認定制度の推進
(認定企業数:347社(2024.2.29時点))

◎ 地域が一体となった「休み方改革」の推進

・愛知県「休み方改革」イニシアティブ
(賛同企業・団体数:866件(2024.3.1時点))

◎ 職員の「休み方改革」の推進

・職員の連続休暇の取得を促進

業は491万円にとどまり、国内全産業平均(806万円)を大きく下回る。

なぜ、こんなに低いのか。日本では連休が、「黄金週間」「夏休み(お盆)」「年末年始」の3時期に極端に集中し、大多数の国民が一斉に3つの時期に休むため、観光業の繁閑の差が激しすぎるのが大きな要因なのだ。閑散期には観光客が来ず、閑古鳥が鳴く観光地では宿泊料や入場料などのサービス料を引き下げ、大赤字でも顧客を呼ぼうとする。一方、繁忙期には宿泊代などのサービス料は高騰するものの、盛り上がった需要を吸収できず、せっかくの客を取り逃がす。忙しすぎてサービスの質も劣悪となり、本来リピーターとなるべき客に「二度と来るか!」と愛想をつかされる。

結果的に、観光産業は「100日の黒字と265日の赤字」の状況にある。収益力の低い儲かりにくい商売だから、設備投資にお金が回らず、デジタル投資もできず、宿泊施設は老朽化したままに放置される。このため、益々、お客が来なくなる悪循環に陥っている。

しかも雇用問題が観光業の首を絞める。繁忙期には深刻な人手不足、閑散期には人余りという状況に対処するため、観光業は構造的にパート、派遣、アルバイトといった非正規雇用に頼らざるを得ない。このため宿泊・飲食サービス業の非正規雇用者の比率は約75%と、全産業平均(約37%)の倍以上の高さで、卸売・小売業(約50%)や運輸・郵便業(約30%)と比べても突出して高い。非正規雇用が主体だから、長期的にしっかりした人材を育成・教育することがままならず、これ

非正規雇用比率の高い宿泊・飲食サービス業(単位:%)

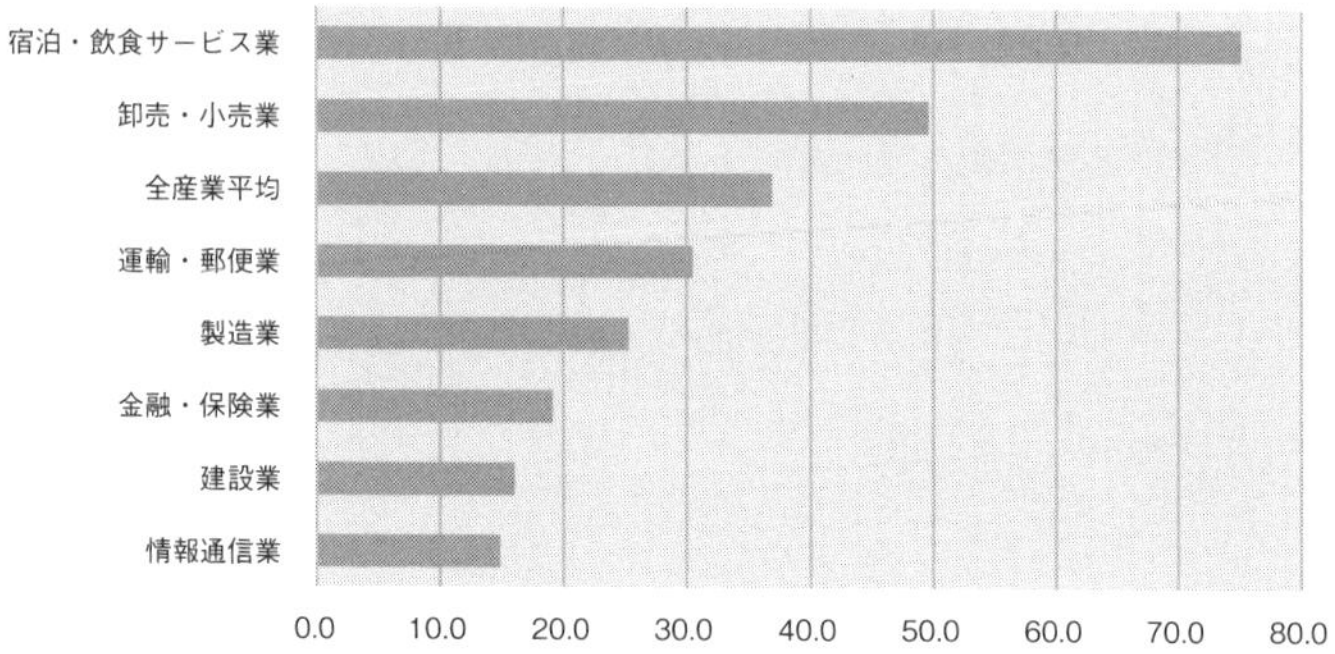

出典)2022年労働力調査

が観光業の生産性の足をさらに引っ張る。

日本の観光政策はこれまで、「インバウンド３２００万人」(２０１９年水準)といった集客目標にばかり目がいっていた。あまりに稚拙。愛知の主要産業である製造業が、生産の平準化によって生産性を高めてきたように、観光産業も休日を分散し、繁閑をならして生産性を高めねばならない。重要なのは、いかに休日(＝お客が来る日)を平準化し、観光産業の稼ぐ力をアップできるか、である。

実は、観光従事者の１人当たりの稼ぐ力(付加価値額)は、欧米主要国に比べても劣っている。日本はアメリカ(１１２２万円)の半分以下であり、欧州のスペイン(８９８万円)、イタリア(６７８万円)、ドイツ(５４４万円)などを軒並み下回っている。

１年間を月別に、宿泊産業の雇用者数の変動をみると、アメリカは夏季休暇真っ盛りの７月を山とする単峰型となる。これに対し日本は、５月の山が６月に谷となり、再

欧米より劣る観光従事者の稼ぐ力

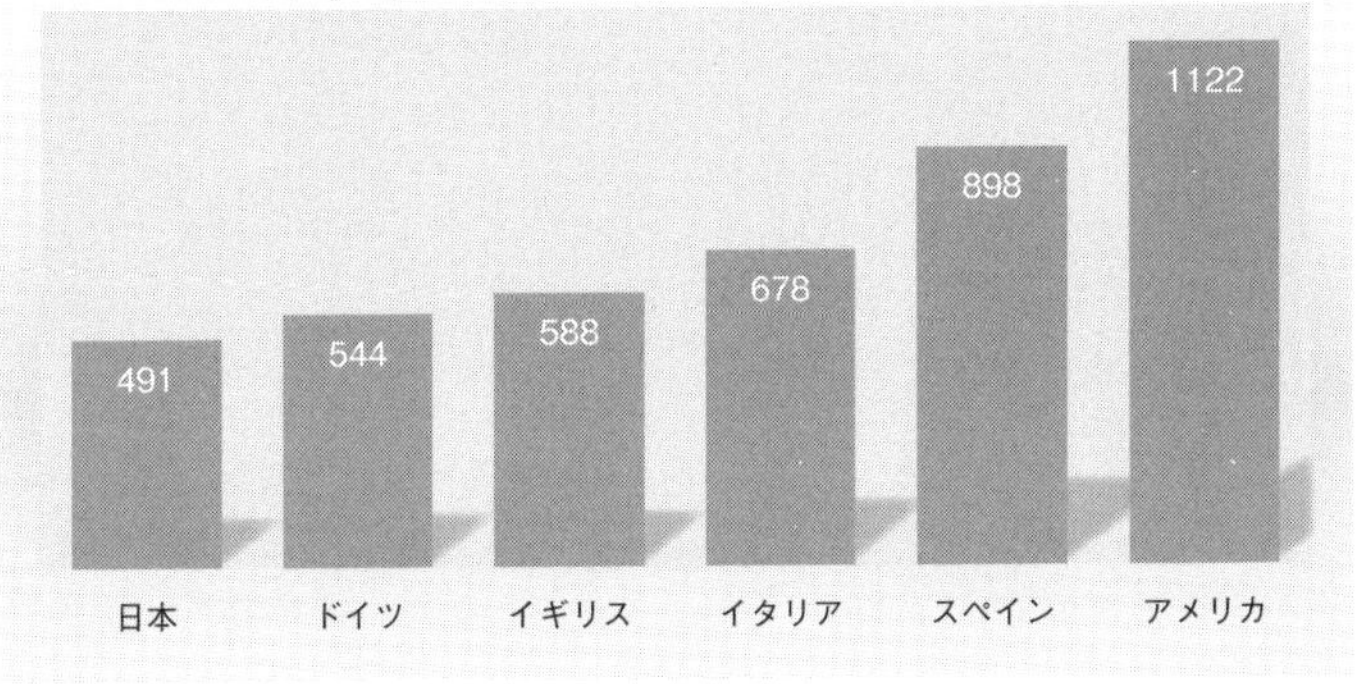

出典）各国の旅行・観光サテライト勘定（TSA）の資料から観光従事者1人あたりの付加価値額を計算、2019年実績、単位は万円

び7〜8月に山がきて、9月は谷になるといった感じで、極めて波動性が大きい。ほぼひと月ごとの雇用者数の激変が、観光産業の生産性上昇を妨げている。

欧州では政策的に休日を分散し、これが欧州観光産業の強さの秘密となっている。星野リゾートの星野佳路代表に教えていただいたのだが、「フランスはスペイン、ドイツ、イギリスといった周辺国が冬休みではない2月に休みを設定」。おかげで「フランスの名だたるスキー場は、周辺国から客が来ない2月も、国内客で結構賑わっている」という。

周辺国だけではなく、フランスは国内でも「休暇分散」を政策的に実施している。学校の冬休み（2月休暇）と春休み（復活祭休暇）について、フランス全体が一斉に休みをとるのではなく、国土を3地域に分け、休暇時期をずらして休んでいるのだ。

星野代表と休み方改革をめぐり対談

地域で休暇時期をずらすフランス

	ゾーンA（フランス中部地域）	ゾーンB（フランス北部と南東地域）	ゾーンC（フランス中心部と南西地域）
2026年冬休み（2月休暇）	2月7日〜2月23日	2月14日〜3月2日	2月21日〜3月9日
2026年春休み（イースター休暇）	4月4日〜4月20日	4月11日〜4月27日	4月18日〜5月4日

ゾーンA	ブザンソン、ボルドー、クレルモンフェラン、ディジョン、グルノーブル、リモージュ、リヨン、ポワチエ
ゾーンB	エクス・マルセイユ、アミアン、リール、ナンシー・メス、ナント、ニース、ノルマンディー、オルレアン・トゥール、ランス、レンヌ、ストラスブール
ゾーンC	パリ、クレティユ、ヴェルサイユ、モンペリエ、トゥルーズ

例えば、2026年の冬休み（2週間の2月休暇）は休暇スタート日を、ボルドーなど中部地域の「ゾーンA」は2月7日から、ストラスブールなどの北部とマルセイユなどの南東部の「ゾーンB」は2月14日から、パリなどの中心部とトゥルーズなどの南西部の「ゾーンC」は2月21日からに設定。休暇が最大で2週間ずれるようにして、休みの平準化を促している。

しかもA、B、C3ゾーンのどこから休暇を始めるのかは、毎年順繰りに交代。3ゾーンへどの地域を割り振るのかも、各地の人口増減や観光地の繁閑をみながら、絶えず見直しを断行している。決定した分散計画を「学校休暇2025～2026」として実施2年前に公表し、国民への周知徹底に努めている。同様に、ドイツも16ある州の夏期休暇時期をほぼ北から順にずらしている。

日本も休暇分散政策を導入すべきだ。実は民主党政権下で、全国を5地域に分けて休暇を分散取得する案を検討したことがあった。しかし各種調査で「メリットを感じられない」「企業の経済活動等に支障がでる」との声が過半を占めたうえ、東日本大震災やその後の政権交代で、雲散霧消してしまった。

現在、私は全国知事会の「休み方改革プロジェクトチーム」のリーダーを務め、県単位での休み方改革推進について、経団連などに理解を求めた。大谷翔平選手が「二刀流」でプロ野球の常識を打ち破ったように、「全国一律、いつも一緒」という既成概念に囚われず、休暇分散の効能を丁寧に経済界、労働界、教育界などに説明し、国民運動に広げていきたい。

産業界には、生産を集中させるには休みも集中させた方がいい、という反論があるだろう。だが工場のメンテナンス、医療機関、交通機関などに従事し、黄金週間など皆が休みの時でさえ働かざるを得ない家庭もあることを認識すべきだ。こうした家庭の子供たちが保護者と一緒に楽しめる機会を設けるのは、政治の大切な役割だ。

そもそも黄金週間などに観光客が集中し渋滞が起きるのは、明らかに「市場の失敗」である。ノーベル経済学賞のスティグリッツ博士（Joseph Eugene Stiglitz、１９４３年〜）が指摘したように、「市場と政府は相互に補う関係にあり、市場に任せっきりにせず、市

経団連・小路副会長に「休み方改革」を要請

場の失敗は政府が正さねばならない」。世界恐慌からの脱出に苦闘したブルム人民戦線内閣は1936年、消費喚起のため労働者に2週間の有給休暇を与えるマティニヨン協定締結を推進し、これが現代フランスの大バカンスにつながっている。

日本政府の腰が重いのならば、愛知が断行する。ジブリパークに、日時指定の予約制を導入したのも、平日にも多くの観光客に来てもらうためでもある。観光需要の平準化に知恵を絞り、休日分散というイノベーションを起こしていきたい。

提言15

◎欧州の休日分散をモデルに、休日の分散・平準化政策を進めよ

◎観光地の混雑・渋滞緩和だけでなく、観光産業の雇用平準化と生産性向上につなげよ

◎愛知「県民の日」を、休日の分散・平準化の第一歩に

◎ラーケーションで、平日に子供と一緒に過ごし、学校以外も「まなび」の場とせよ

人口減対策

第4章

日本の人口が2008年から減少に転じ、愛知の人口も2020年から減り始めた。世界人口は21世紀末には頭打ちとなり、出生率の低下は先進国だけでなく新興国にも広がり、世界共通の課題となってきた。少子化対策のお手本とされたフランスでさえ、2023年の合計特殊出生率は1.68にまで落ち込んだ。人口減対策は、一筋縄ではいかない難問である。だからこそ海外の成功事例から幅広く学び、日本の出生率を少しでも高め、働き手を確保し、社会保障を維持する仕組みを構築しなければいけない。特に外国人と女性の活用は喫緊の課題である。子育て支援の財政·制度的支援、女性の社会進出支援策だけでなく、家族観の多様化にも対応した、ありとあらゆる施策を集中するダイバーシティ戦略が重要である。

16 「熟練人材」という突破口

危機的な人口減少で、日本の働き手（15～64歳の生産年齢人口）は今後50年で約３０００万人減少する。２０１９年をピークに人口減に転じた愛知でも、２０２２年に４６３万人いた働き手が２０５０年には約３６０万人と１００万人規模の減少に見舞われる。特に、日本の製造業を支える愛知の熟練・技能者の不足は極めて深刻だ。モノづくりを支えてきた技が絶えては、愛知県、ひいては国の成長が期待できない。

日本や愛知だけではない。最近の国連統計（中位推計）は、世界の人口は２０８０年頃から21世紀末にかけて頭打ち傾向になると予測している。日本はいうに及ばず、中国、韓国、台湾といったわが国周辺国だけなく、シンガポール、タイ、ベトナムなどのアジア諸国のほか、ドイツ、イタリア、スペイン、ブラジル、ロシアなど多くの主要国が21世紀末にかけて人口減少に直面する。増加するのはサハラ砂漠以南のアフリカ（サブサハラ）とアメリカで、21世紀末には、世界人口の３分の１がサブサハラに集中する。

つまり地球規模での人口減少と人口偏在が顕著になり、世界的な労働力の奪い合いが始まる。

世界とサブサハラの人口推移(単位:億人)

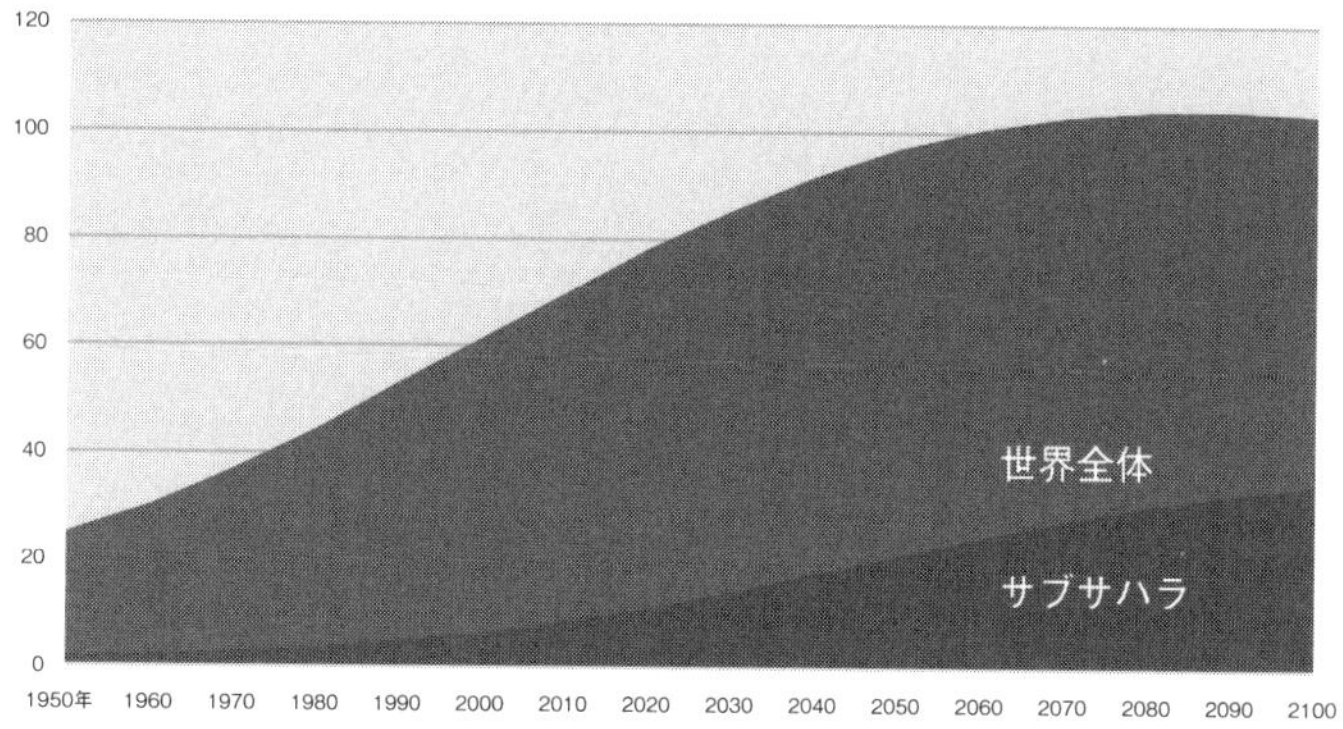

出典:国連「世界人口予測1950→2100」(2022年改訂版)

これは技術開発、研究、経営、法務といった「高度人材」だけではない。医療・介護、農漁業、食品、小売り、物流関係といった生活必須職（エッセンシャルワーカー）や現業職の深刻な不足時代の到来を意味する。テクノロジーの発達はある程度、人手不足を補うだろうが、いくらＩＴ（情報技術）やＡＩ（人工知能）が発達しても、すべてをロボットやインターネットで代替できないことは、悲惨なコロナ禍が証明してみせた。人材奪い合いの世紀が、そこまで来ている。

　コンビニから飲食店、工場、農場、大学、観光地まで、日常的に外国人を見かけるようになった。日本に住む外国人は２０２２年に３００万人を超え、２０２３年末で約３４１万人。ざっと20年前の１・８倍である。愛知に住む外国人（２０２３年末時点）は約31万人で、愛知県民に占める割合は約４％。愛知の外国人労働者数は、東京（約54万人）に次ぐ約

21万人で、このうち4割にあたる約8・6万人が自動車関連などの製造業に従事している。外国人は、モノづくり王国・愛知を支える必要欠くべからざる存在なのである。

しかも国立社会保障・人口問題研究所の将来推計人口では、日本に住む外国人は毎年16万人ずつ増え、2070年に、ほぼ日本の9人に1人が外国人になるとみている。日本の社会や経済を維持していくには、いかに外国人を活かすかがカギを握る。

参考になるのが、人口のほぼ4割を移民が占めるシンガポール。同国では、研究職や管理職などの高度人材に「Eパス」、製造業を支える熟練技能者には「Sパス」、建設・海運労働者やメイドなどの単純労働者には「労働パス」と3階層の在留資格を交付し、在留期間や家族帯同などに差をつけて、有能な人材の受け入れに努めている。同様に、将来にわたって愛知のモノづくりを支える働き手を確保するため、「高度人材」に次ぐ、「熟練人材」という概念を確立することを提案したい。

政府はようやく2024年3月、国連などから人権侵害の温床と批判されてきた「外国人技能実習」制度を廃止し、代わって外国人就労者の窓口制度となる「育成就労」制度の導入を決めた。「育成就労」から、日本人並みの技能をもつ「特定技能1号」、さらに定住や家族帯同も可能な「特定技能2号」へと続く一体的な流れを確立し、外国人就労者の技能を段階的に向上させて「熟練人材」とし、我が国の有力な働き手に育てるルートを確立すべきである。

「熟練人材」受け入れの一体的流れ

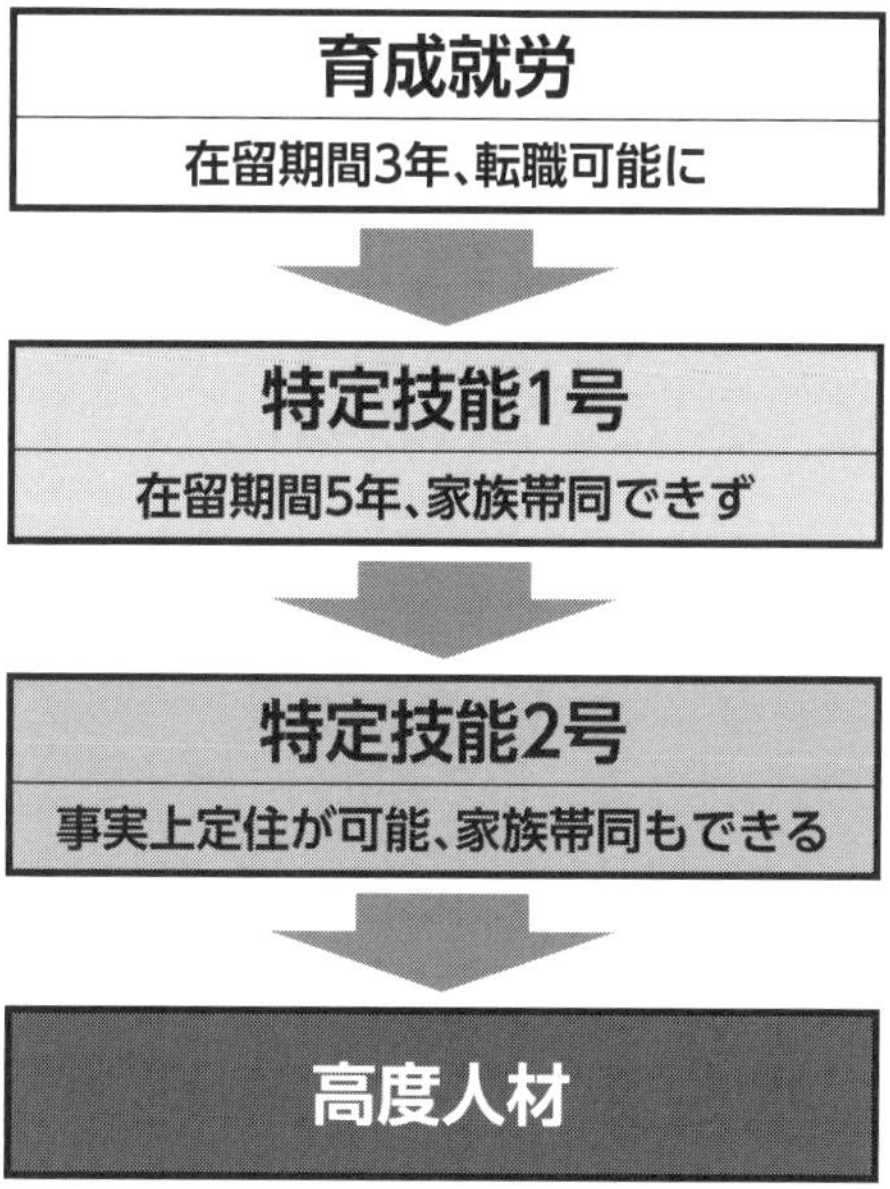

ここで「育成就労」と「特定技能」という制度について整理してみよう。新設される「育成就労」は、外国人就労者受け入れの窓口となる大切な在留資格だ。失踪者が年間９０００人に達して多くの批判が寄せられた「外国人技能実習」制度の「研修」目的ではなく、きちんと労働力との位置づけで、報酬を得ながら技能を習得する仕組みだ。３年間の就労を基本とし、一定期間の就労で、転職も可能となる。

「特定技能」は、日本人並みの技能と日常会話レベルの日本語力をもつ外国人に与える在留資格で、一定技能を持つ人を対象とする「特定技能

１号」（在留最長５年）と、熟練度の高い技能をもつ「特定技能２号」がある。特に「２号」は分野別の技能試験に合格すれば、在留期間を繰り返し更新でき、事実上、日本に定住でき、家族帯同も可能なのだ。「特定技能」の対象は素形材・産業機械・電気電子情報関連製造業、自動車整備、造船・船用工業、建設、農漁業、飲食料品製造業、宿泊、外食業などで、同じ業種や業務であれば転籍も可能である。事業主には、日本人と同等以上の報酬の支払いや、年金などの社会保障への原則加入の義務がある。

２０２３年末時点で、「特定技能１号」をもつ外国人は約20万８４００人、「特定技能２号」は37人にとどまる。一方、比較時点がやや異なるが、外国人技能実習生は２０２３年10月末時点で約41万人おり、この約１割弱が愛知県内に居住している。静岡、岐阜、三重県を含めると、全国の２割が東海地方に集中し

技能実習生の多い愛知県（単位：人）

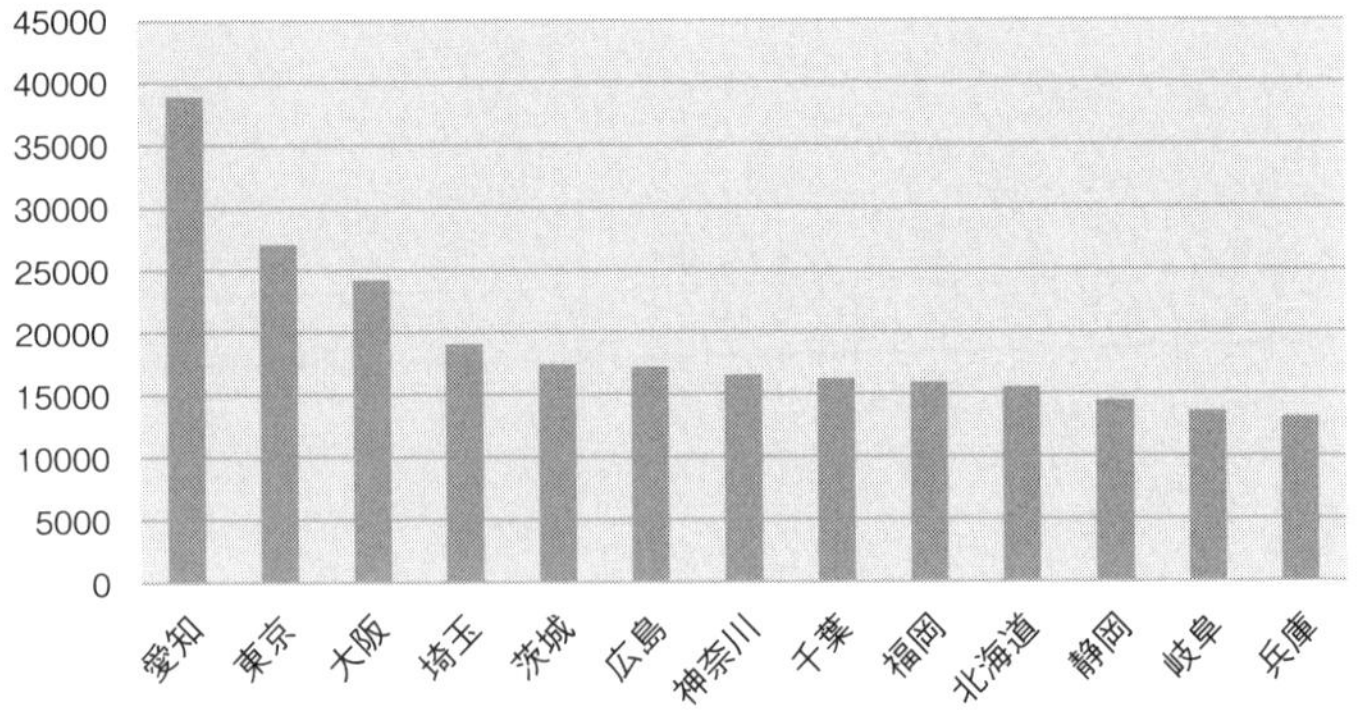

出典：厚生労働省の「外国人雇用状況（2023年10月時点）」

ている。

繰り返すが重要なことは、現在の外国人技能実習生を含め、新設される「育成就労」から、在留期間5年の「特定技能1号」へ、さらには定住可能な「特定技能2号」へと、円滑にステップアップさせる仕組みを創ることだ。そこで注意すべき点が幾つかある。

まず「育成就労」については、批判にさらされた「外国人技能実習」制度をガラッと変え、外国人の人権を尊重し、労働力として報酬を得る制度に改めることが肝要だ。民間企業と癒着した監理団体が問題になるケースが多かっただけに、政府は不適切な監理団体を厳格に審査するルールを確立すべきだ。外国人から法外な手数料をとる海外ブローカー（送り出し機関）の存在が、来日外国人に多額の債務を背負わせ、ずっと問題になってきた。手数料の透明化などはすべて政府の責務である。日本が海外から「選ばれる国」になるかどうか、「育成就労」の制度設計にすべてがかかっている。

２点目として、「外国人技能実習」制度は対象職種が90種類近くあるのに対し、「特定技能1号」は12分野にとどまっており、特定技能の対象分野を拡大するのが当然である。「育成就労」から「特定技能1号」へのステップアップを促したり、転職を仲介したりする機関が必要だ。さらに「特定技能2号」から、研究開発などに携わる「高度人材」へと高みを目指す逸材を生み出す仕組みも導入すべきだ。２０２４・２５年度に愛知が共催する技能五輪全国大会を外国人の技能アッ

雇用で自国民優先意識の強い国は？

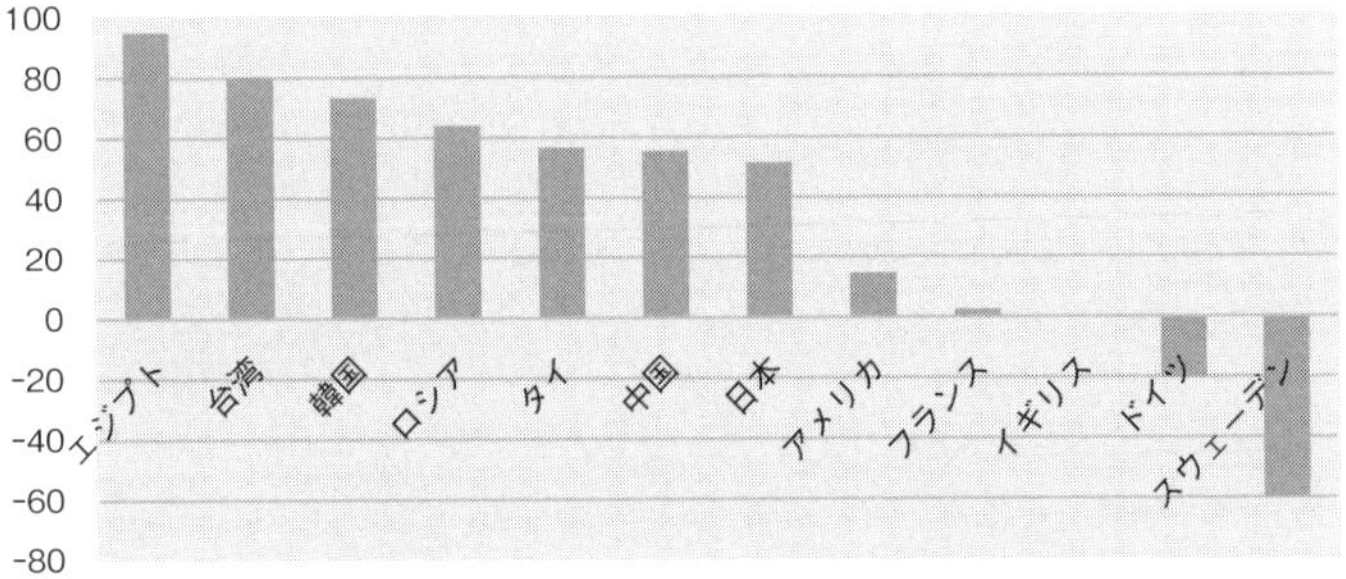

出典：「World Values Survey、2017〜2020年」の「就業機会が限られる場合、自国民を優先すべきである」の回答で、「強い肯定」「肯定」と「強い否定」「否定」の構成比の差

プに活用するのも一案だ。一体的で齟齬《そご》や不備のない運用のため、施策や予算を重点的に投入し、日本の外国人就労者受け入れの本流に育て上げねばならない。

世界１００カ国以上が参加する国際プロジェクト「世界価値観調査」（World Values Survey、２０１７〜２０２０年）は、日本人の自国民優先意識が極めて強いことを示している。「就業機会が限られている場合、自国民を優先すべきか」との質問に対し、「強い肯定」「肯定」の回答と「否定」「強い否定」の回答との構成比率の差をみると、日本はプラス51・5に達し、日本人優先意識がかなり強い。一方、外国人受け入れを進めるスウェーデン（マイナス59・8）、ドイツ（マイナス20・5）などは外国人を受け入れようとの意識がかなり定着している。

コロナ禍を経て、スペイン、アイスランド、ドバイ（アラブ首長国連邦）、ギリシャなどはリモートワーク・ビザ（査証）を導入した。ラップトップを持って世界を股にかけるデジタルノマドと呼ばれる高度人材を囲い込もうとの戦略で、日本も２０２４年３月から、ようやく最長半年の同様なビザ発行を始めた。なんらかの形で複数国籍を容認する国は世界のおよそ８割に広がる。非ＥＵ（欧州連合）出身者にも国籍を与えようと、ドイツでは国籍法改正が議論され、韓国も出身国の国籍を維持したまま韓国籍を取得できるように改めた。世界で人材の争奪戦が始まろうとするなか、外国人に対するアレルギーを払拭し、同時に「熟練人材」を受け入れる太い流れが必要である。

提言16

◎海外からの働き手確保へ、「熟練人材」という概念の確立が必須

◎「外国人技能実習」制度の廃止を、外国人と共生する好機とせよ

◎「育成就労」→「特定技能１号」→「特定技能２号」という太い流れを

◎日本の労働市場の自国民優先意識の転換にもつなげよ

17

日本語教育、最先端のその先へ

主要国に遅れること20年余り。ようやく2019年、日本でも外国人に日本語を習得してもらうための日本語教育推進法が施行された。国、自治体、企業などの責務を明確にした法律だが、残念ながら「努力義務」を課したにすぎない。しかし愛知は違う。2022年に定めた「愛知県地域日本語教育の推進に関する基本的な方針」で、希望するすべての外国人に日本語を学習する機会を「保障する」と明記したのだ。

愛知で、日本語指導が必要な児童・生徒(日本国籍と外国籍の合算値)は1万3000人弱と全国最多であり、2番目の神奈川の1・7倍に達する。児童の8割という学校もある。バブル経済期の出入国管理・難民法改正で、ブラジルなどに移民した日本人の子・孫(日系2・3世)らを在留資格「定住者」(在留期限はあるが更新可能、家族帯同可、就労制限なし)として迎え入れて以来、愛知は日本語教育に苦闘してきた。

愛知の多くの地域の日本語教育はかつては、教員、教員OB、ボランティアらによる市町村主導の自主夜間中学やNPOによる日本語教室という草の根の無償活動に依存してきた。だが、

愛知に多い日本語指導が必要な児童・生徒(単位:人)

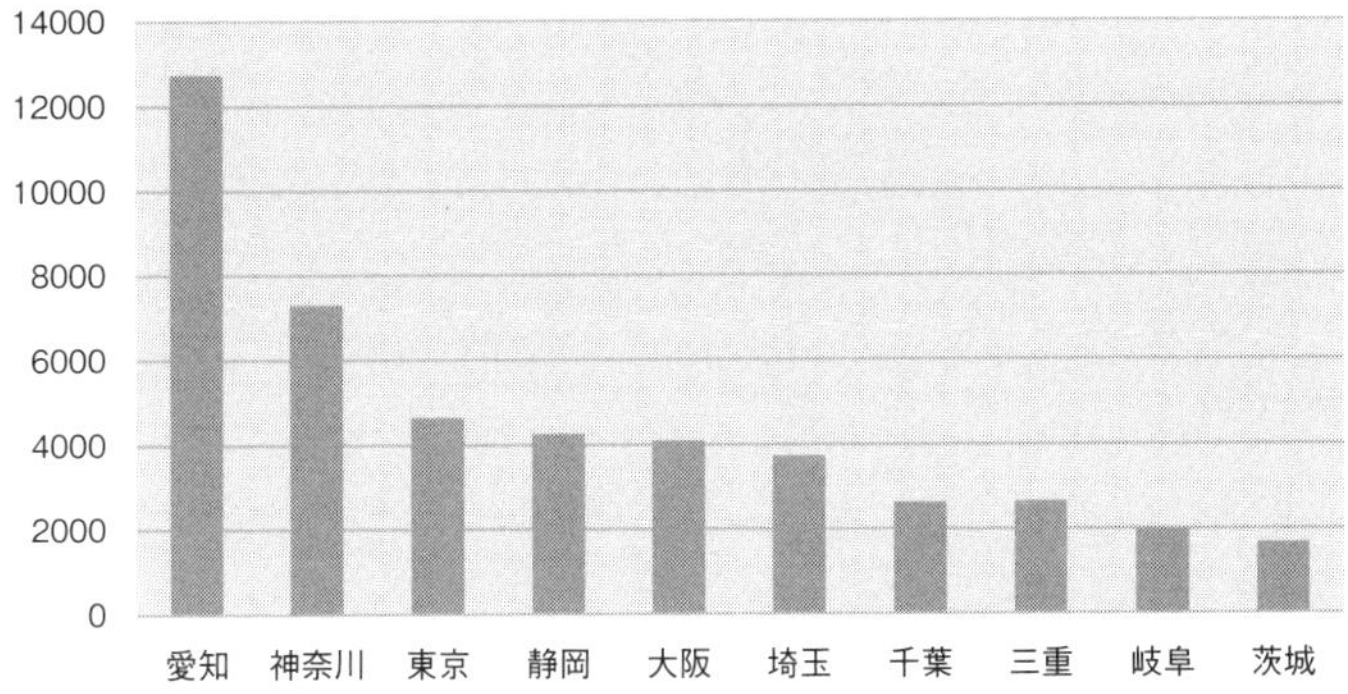

出典)文科省「日本語指導が必要な児童生徒の受入状況等に関する調査」、
外国籍と日本籍の合算値

外国人県民の国籍別内訳

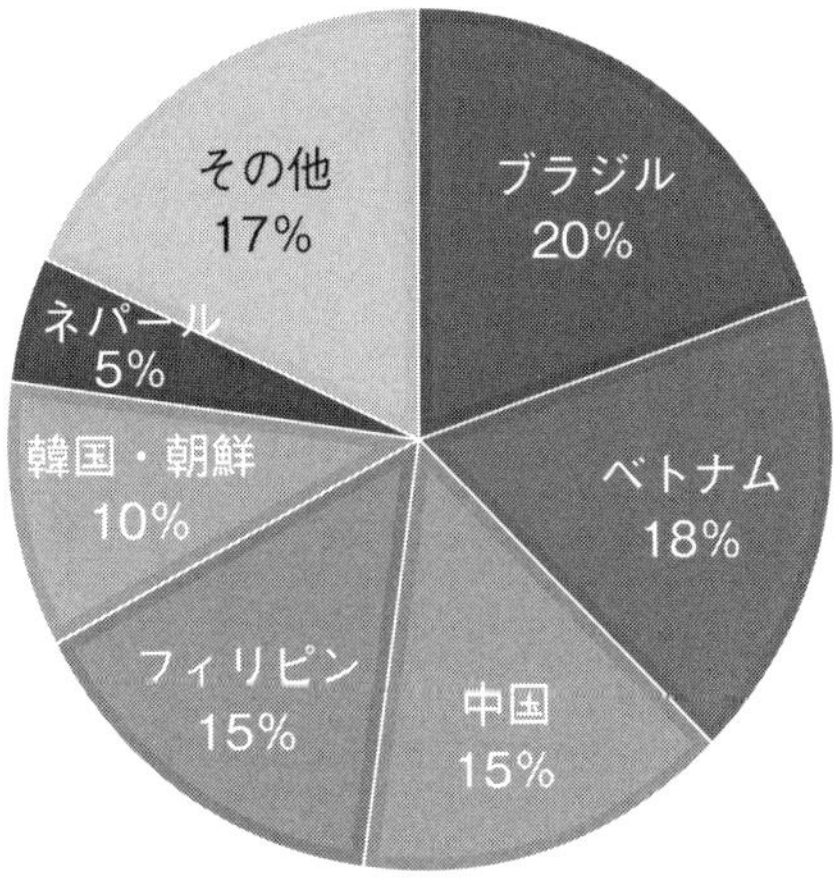

出典)「愛知県内の市町村における外国人住民数の状況」(2023年6月末現在)

外国人県民は益々増え、国籍・言語・在留資格の多様化が進む。この結果、日本語が理解できないまま義務教育を終え、就職先もなく、日本人とかかわらずに暮らしていく外国人が生まれてきた。これでは何のために来日したのか。外国人県民の幸せにつながらないだけでなく、能力や個性を発揮する機会がなく、労働生産性の低下や地域分断につながる危険性も孕む。

　知事に就任して以降、矢継ぎ早に対策を打ってきた。２０１１年度から、日本語を専門に指導する「日本語教育適応学級担当教員」を精力的に増員し、２９４人（２０１０年度）から、７３０人（２０２４年度）と、２・５倍に増やし、全国の同教員の26・９％（都道府県単独配置数を含まない比較）が愛知県となって

日本語教室を視察

いる。

効果は早速現れている。来日直後に、日本語の初期指導を丁寧に行い、高学年へと進んでもらう。小中で日本語をしっかりと身につけてもらって、今では8割以上の子ども達が高校（全日制、定時制、通信制）、専修学校等に進学している。

愛知は、いちはやく２０１４年度に、日本語教育の意義や目的をまとめた「多文化共生社会に向けた地域における日本語教育推進のあり方」を策定するとともに、さらには医療機関への通訳派遣、災害時の多言語支援センターなど、外国人を生活者として受け入れるためのきめ細かな施策を実施してきた。２０２０年度には、草の根の多様な組織の司令塔となる「あいち地域日本語教育推進センター」を設立。

２０１５年度から、外国にルーツをもつ小中学生を鼓舞するため、県主催で外国語を母語とする小中学生の日本語スピーチコンテストを実施。また同年度には、日本語教育の担当教員の配置基準を大幅に緩和して増員（1校当たりの上限が小学校５人→９人、中学校４人→８人）し、さらに、２０２０年度には、この配置基準の上限を撤廃して外国人子弟の増加に対応できるようにした。（その結果、２０２３年5月1日現在で一番多く配置している小学校では、全教員36人中11人がこの日本語教育担当教員であり、全生徒児童３１１人中の外国人籍児童数は２０７人で67％を占めている。）そして２０１９年度には、多言語翻訳ができる小型通訳機の配置にも乗り出した。

　２０２２年度には、来日直後の子らを対象とする「日本語初期指導教室」の運営経費の県補助率を３分の２へ引き上げ、日本語習得が十分でない外国人に日本語学習支援を行う「若者・外国人未来塾」の設置場所も増やした。また、日本語教育対応の夜間中学校を、２０２６年４月までに５校開設（県立４校）。２０２３年度には、全小中学生向けに、異なる文化・言語をもつ人々との共生に関する教材を配布し、２０２６年度には、県立衣台《ころもだい》高校（豊田市）で、日本語指導が必要な外国人生徒の教育に特化した中高一貫教育を開始する。

　育児の際にも日本語に困らないよう、２０１６年に「子育て世代の外国人の日本語習得モデル事業」を開始した。外国人の保護者に対し、乳幼児期の言語習得のポイントや、子育ての際に必要な日本語や

外国人材や子ども等の日本語学習・日本語教育の充実

◎ あいち地域日本語教育推進センターの運営
◎ 地域における日本語教育の推進
◎ 愛知県地域日本語教育推進補助金
◎ NPO等が実施する日本語教室への補助
◎ 小中学校への日本語教育適応学級担当教員の配置
◎ 小中学校への語学相談員の派遣
◎ 県立学校への教育支援員の配置
◎ 県立学校への通訳機の導入
◎ 若者・外国人未来塾の実施
◎ 就労アドバイザーの設置
◎ 日本語初期指導教室やプレスクール等を実施する市町村への補助

育児関連情報を知るための雛形モデルを開発し、現在の「多文化子育てサークル事業」や「多文化子育てサロン事業」にブラッシュアップして継続している。

「これでもか」というくらい、愛知は外国人県民に対する日本語教育を実施しているのだ。しかし、いくら日本国内で最先端を走っているといっても、世界はもっと先を行く。

フランスは２０１９年から、義務教育年齢を３歳へ引き下げた。フランスでは３歳児の97％強がすでに幼稚園（保育学校）に通っており、３歳義務化で新たに対象となるのは、移民層などの約２・５万人（３歳児全体の２％強）だ。移民の子らに、フランス語の読み書きや簡単な計算を学んでもらい、小学校への入学準備に取り組んでもらおうとの狙いがある。

というのも、フランスの各種調査で、高校へ進学しない子供たちのおよそ8割が、すでに小学校入学前の段階で、フランス語会話に支障があることが判明したからだ。ＯＥＣＤ（経済協力開発機構）の学習到達度調査（ＰＩＳＡ）では、フランスは米英などに比べずっと低位にとどまっている。このためマクロン大統領は移民層を念頭に、３歳からフランス語の基礎を学ばせることを決断したのだ。

同様な例は、スウェーデンでも起きている。スウェーデンはＰＩＳＡの「読解力」分野でベスト10に入る上位国だったが、２０１２年調査で36位に急落。スウェーデン国内では「ＰＩＳＡショック」と教育危機が叫ばれた。スウェーデンの移民比率は２０１０年に14％を超え、最近は20

学習到達度調査（読解力）の国際順位

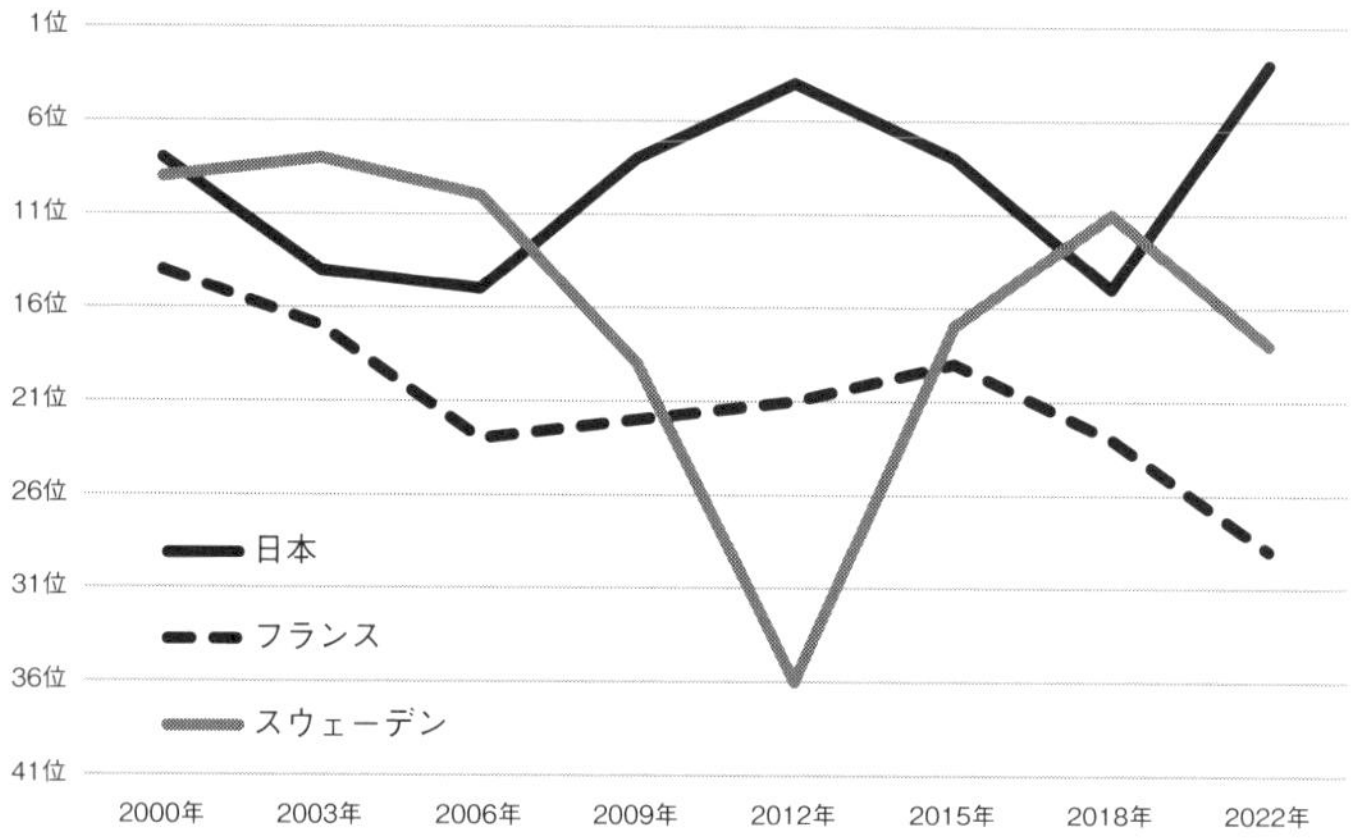

出典）OECDの「生徒の学習到達度調査（PISA）の読解力の順位推移

％に達しており、外国人に対するスウェーデン語教育の充実が大きな政策課題となっている。危機的な人口減と外国人の増加が進む日本も、いずれ同様の問題に直面する。

この問題の抜本的な解決には、日本でも、新規に入国してくる外国人に対し、無償で数百時間の日本語教育を提供すべきだ。すでにフランスやドイツでは、１００％国費を充当して実施している。長期的視野に立てば、国がきちんと責任をもつべきで、地方自治体や民間に委ねるという現在の政策から脱却し、日本語教師の国家資格化や待遇改善などを通じて教育の質を高める必要がある。

多文化共生を重視する観点から、来日した外国人子弟の継承語教育を支援するシステムも必須だ。継承語とは、海外にルーツをもつ子供が、日本語とは別に、家庭内などで親と話す母語のことである。子供たちにとって、学校で学ぶのは日本語であり、日々の暮らしで接するのも日本語であるため、継承語の勉強は極めて難しいとされる。

継承語はもともと家庭任せの色彩が濃い。しかしアメリカでは、2001年の同時多発テロ以降、移民の子弟に対する継承語教育に力を入れるようになった。外国人の多様性を重視することが大切であり、継承語教育の重要性が再認識されたから、といわれる。継承語の教育をきちんと受けた移民の子弟は、PISAの結果が良好であるとの報告もある。継承語教育の重要性を見逃してはいけない。

日本語教育のために、もう一つ提案したい。2023年に発足したこども家庭庁は、少子

スピーチコンテストで子供たちと

化・人口減少対策の司令塔のはずである。もちろん、いじめ問題やヤングケアラー支援策なども大切であるが、現時点で、在住外国人の子らへの対策がスッポリ抜け落ちている。今後、大量に受け入れる外国人の子弟らへの教育・福祉政策について、独立した部局を設け、総合的に推進する意気込みがほしい。

外国人が増えると、犯罪が増え、治安が悪化するとの懸念がある。しかし実は、移民と犯罪率には直接的な関係がないとの論文が相次いでいる。アメリカのクリスティン・ブッチャー博士らの1998年の論文『Recent Immigrants』、フランスでのユー・アオキ博士らの2009年の論文『Are immigrants more likely to commit crimes?』、イギリスのブライアン・ベル教授らの2010年の論文『Crime and immigration』などでは、それぞれアメリカ、フランス、イギリスの資料を精査し、移民と犯罪率の関係が薄いことを立証した。人口減少で衰退し始めた地域が、かえって教育を受けた移民によって再生する「移民活性化説」さえ提唱され始めている。大切なことは外国人をいかに活かすかであり、カギは日本語教育にある。

2023年8月。「外国人県民による多文化共生日本語スピーチコンテスト」に出席し、優秀者を表彰した。フィリピンから来日したセニザ・カイラさん(当時・安城西中学校3年、奨励賞)は流暢な日本語で小学生時代をこう振り返った。「日本語が上手に話せず、誰とも信頼できる友達になれず、いつも一人ぼっちだった」。だが中学に進み、勇気を出して自分から話しかけ、一緒に学校生活を楽しむなかで日本語を習得し、一生大切にしたい友達ができた。「もう、自分を外国人とは思わない」と自信をもって話す。最先端を行く愛知だからこそ、どこよりも先に、充実した日本語教育を提供し、カイラさんに続く多くの才能を育んでいきたい。

提言17

◎100%国費を充当する海外の、外国人への自国語教育に学べ
◎「外国人中高一貫校」など、トップランナー愛知の日本語教育を一段と強化
◎多文化共生のため、外国人子弟の継承語教育を支援するシステムも大切
◎こども家庭庁に、外国人子弟の教育・福祉担当部門を創設せよ

18 「1／2」のポテンシャル

愛知のあらゆる所で、女性が活躍できる環境を整え、女性の能力を最大限に引き出すことは、極めて重要な政策課題である。女性の生きがいを生み出し、豊かな一生を送ってもらうだけでなく、県内のダイバーシティを育み、イノベーションを創出し、人口減対策に大きく寄与すると確信しているからだ。

金字塔を築いた1人の女性を紹介しよう。ハーバード大学のクラウディア・ゴールディン(Claudia D. Goldin、1946年〜)終身教授。ご存じの通り、2023年のノーベル経済学賞の受賞者である。男女格差の問題に科学のメスを入れ、経済学に「ジェンダー経済学」という新分野を独力で確立した人物だ。女性の経済学

ノーベル賞を受賞したゴールディン教授
(Carlin Stiehl/Getty Images News:ゲッティイメージズ提供)

賞は3人目であるが、単独受賞は初めてである。

ゴールディン教授は、もともとコーネル大学で微生物学を志していたが、カーター政権の経済顧問を務めたアルフレッド・カーン博士(Alfred E. Kahn、1917~2010年)やノーベル経済学賞のゲーリー・ベッカー博士(Gary S. Becker、1930~2014年)の講義に魅了され、経済学に転じた。なにしろ、日本でいえば江戸時代(18世紀)以来の膨大な米労働市場に関する資料を、微生物学の試験管実験のようにシラミ潰しに検証し、なぜ女性の賃金や就業率が男性より低いかを解き明かした。

特筆すべき業績は、働き方について「greedy work」(貪欲な仕事)の存在を明確にしてみせた点にある。「greedy work」とは、休日労働や長時間労働を強いられる企業経営者・幹部や政治家、医師、弁護士らの仕事の総称で、「時間を貪るように費やさねばならない」ことから、この名がある。

「greedy work」は高給ではあるが、とにかく時間を喰われるため、出産・育児などを経験する女性には、なかなか勤めるのが難しかった。一方、男性は報酬面で優遇される「greedy work」のために家庭を犠牲にすることが多かった。昭和のモーレツ社員を連想すればよく、しわ寄せはすべて女性にいった。この結果、男女の賃金格差が広がった、とゴールディン教授は膨大なデータから解き明かしたのだ。

早い話が、徹夜や休日出勤を厭わない仕事は、男性が引き受けることが多く、これが賃金、昇進、就業率格差の主たる要因である、というのだ。ならば育児・家事・介護などを男女が平等に分担し、女性をその呪縛から解放すれば、女性の就労が進み、男女の収入や就業率の差も解消に向かうだろう。

こう考えたゴールディン教授は、長時間労働の是正、男性の育児休業の取得、離職女性の職場復帰制度の導入、女性の管理職への登用といった政策の必要性をどんどん提言した。いまでは世界の主要国で常識となっている「男女雇用機会の均等」「女性活躍」に関する過半の政策が、ゴールディン教授の理論を支柱としているのだ。

早くから愛知では、女性活躍に向けた多様な施策を実施してきた。２０１４年度に、登用し

あいち女性の活躍促進プロジェクト

◎女性の活躍促進サミット等の開催

・「あいち女性輝きカンパニー」の認証
・女性活躍プロモーションリーダーと連携した中小企業の取組促進
・あいち・ウーマノミクス研究会の開催

◎保育サービスの一層の充実

・病児・病後児保育の整備促進

◎ワーク・ライフ・バランスの推進

・男性育児休暇の取得促進
・テレワーク導入・定着支援
・働き方改革の支援

◎女性の再就職及び起業の支援

・出産、子育て等で離職した女性の再就職支援
・女性起業家の育成、促進

◎女性人材育成強化及び職域の拡大

・女性管理職養成セミナー等の開催

◎進路選択の支援

・女子大学生への女性活躍推進企業のPR
・キャリアプラン早期育成による進路・職業選択支援

（2024年度 52事業）

た初の女性副知事をトップとして、女性の活躍を県庁全体で総合的に支援する体制を「女性の活躍促進プロジェクト」として立ち上げ、2015年度に、女性の雇用促進を図るため民間企業と意見交換する「あいち・ウーマノミクス研究会」を発足。同年度から、女性が働きやすい企業などを県が認証する「あいち女性輝きカンパニー認証制度」を導入し、ロゴマークを活用した対外的PRのほか、公的入札時の優遇や融資金利の優遇などを受けられるようにした。就活中の女子学生は、愛知県のサイトで、女性が働きやすい企業かどうかを確認できるようになっている。

女性サミットでの挨拶

2018年度から、女性活用に積極的な企業・団体に「女性活躍プロモーションリーダー」を委嘱し、2023年には、あいち県民の日連携事業として「女性活躍促進サミット2023」も開催した。

一連の施策が奏功し、出産・育児を機に離職する女性はどんどん減っている。だが欧州並みのレベルには、いま一歩及んでいない。年齢別に女性の労働参加率をグラフ（縦軸：労働参加率、横軸：年齢）にすると、日本では「M字カーブ」を描くことがよく知られている。出産・育児を機に、30歳代前後の女性が離職し、子育てが終わった頃に復職するケースが多いからだ。

これに対し、女性の社会進出優等生であるスウェーデンでは「逆U字カーブ」あるいは「台形」を描く。見事に、出産・育児期であろうと継続的に働き続けているのだ（ちなみに、愛知の男性の労働参加率も当然ながら「逆U字」を描く）。

スウェーデンは1834年から近年まで「非同盟中立」政策をとってきた。戦死者が少なかった分、早期に高齢化が進み、福祉政策と同時に、労働力を補うための女性活用策が充実したとの背景がある。世界で初めて、1974年に父母ともに取得できる有給型の育児休業制度「両親保険」を導入し、多子になるほど加算する児童手当、出産間隔を2年半以内に短くすると収入補填が手厚くな

愛知とスウェーデンの女性の年齢別労働力率(単位・%)

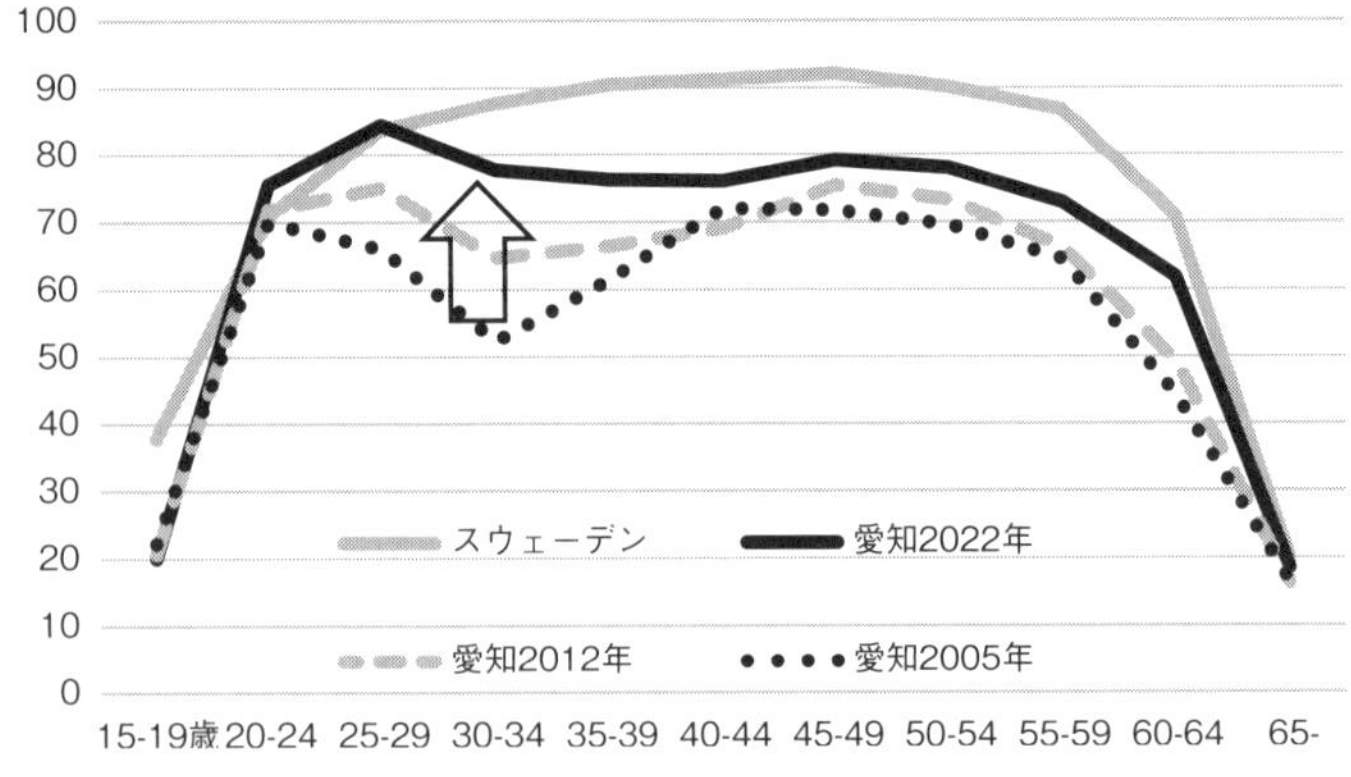

出典：愛知は令和4年就業構造基本調査、スウェーデンは「OECDDatabase」2018年

GDPに占める家族関係社会支出割合

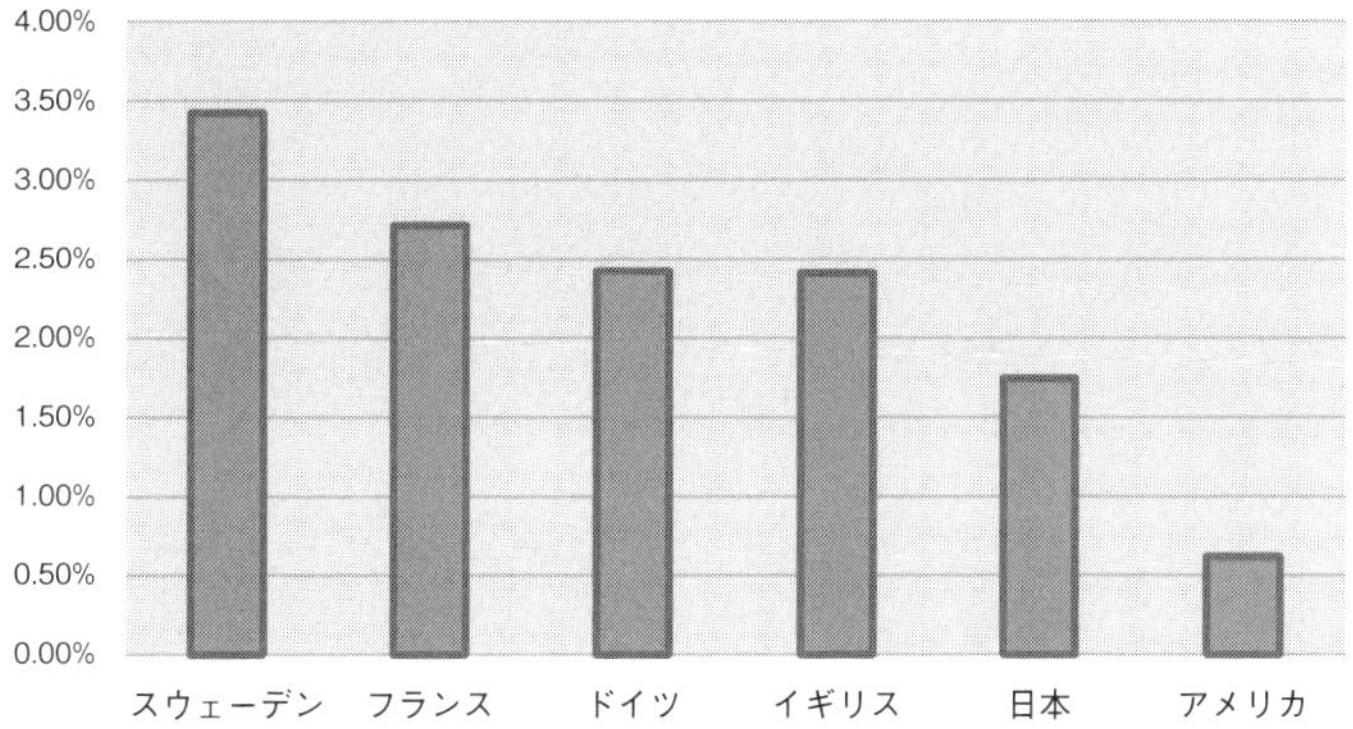

出典）OECD「FamilyDatebase」、日本は国立社会保障・人口問題研究所の「社会保障費用統計」、2019年実績

るスピードプレミアム制度など、手厚い子育て支援策を実施。保育園に入園申し込みがあると、およそ4カ月以内の入園が法的に義務付けられており、待機児童はほぼゼロという。

結果的に、スウェーデンの国内総生産（GDP）に占める子育て関連支出の比率は主要国の中で最も高い。手厚い支援策で女性を家庭から解放して就労を促し、社会全体で子供を育む支援制度がうまく機能している。スウェーデンの専業主婦割合はわずか2％前後にとどまる、という。

この10年で愛知でも、育児休業などの取得が進み、出産後も働き続ける女性が増え、「M字カーブ」の凹み（30〜34歳、35〜39歳）が小さくなった。ただし全国平均に比べると、愛知の凹みはまだまだ大きい。仮にスウェーデンや、愛知の男性並みの「逆U字カーブ」となれば、ざっくり計算しても、数万〜10万人程度の労働力を新たに確保できる。将来の深刻な人口減と労働力不足に備えるならば、女性を活かす政策を一段とブラッシュアップすべきだ。

例えば、女性登用については、単に登用を促すだけでなく、4割以上など高い水準を課す政策を推し進める必要がある。トークン(token)効果を研究するハーバード大学のロザベス・カンター教授(Rosabeth M. Kanter、1943年〜)の研究によると、特定組織で女性の比率が15%以下では、女性は単なる「象徴(token)」に過ぎず、しばしば意見が余り通らずに終わると指摘。35%という閾値《いきち》を超えて、初めて女性に公平な機会が与えられ活躍するようになるそうだ。

アメフト問題や薬物事件に揺れた某大学や、デジタル庁デジタル監のトップ人事などをみると、なるほどと肯《うなず》くのは私だけだろうか。「女性役員が1人いる」では駄目なのだ。「女性役員が4割以上いる」といった具合に、役員・管理職などの女性登用比率を引き上げねばならない。

ゴールディン教授は近著で、育児休業などの取得時に、チーム内で代替しやすい仕事、代替しやすい職場環境の整備が、格差是正に役立つと強調している。「部員が5人しかいません」では、育児休暇をとる人に冷たい視線が注がれるだろう。単に育児・介護休業の取得推奨だけではなく、代替の利く職場づくりを政策的に誘導していく必要がある。

米マッキンゼー系研究機関によると、コロナ禍で職を失った女性は、世界で男性の1・8倍に上ったという。相変わらず、女性が景気の調整弁となっている。一方、膨大な調査から、女性の社外取締役比率の高い企業、短時間勤務正社員の比率が高い企業、転勤のない正社員制度がある企業は、生産性が高いことが判明している。岸田政権が進める、国民1人当たり月平均500円弱を負担する「子ども・子育て支援金」などの財源確保だけでなく、仕事と暮らしの両立を支援する多様な政策に知恵を絞るべきだ。人類のほぼ「1／2」を占める女性のポテンシャル（潜在能力）を活かす術が必要だ。

提言18

◎社会全体で子供を育み、女性の社会進出を支えたスウェーデンに学べ

◎女性の継続就労を促し、労働参加率の「M字」を「逆U字」へ

◎トークン効果を避けるため、女性登用は高い目標を設け、大胆に登用せよ

◎育児・介護休業の取得推奨だけではなく、代替の利く職場づくりを政策誘導

19 事実婚という選択肢

暗澹《あんたん》とさせられる統計結果がある。２０２０年国勢調査に基づく国立社会保障・人口問題研究所の分析で、50歳まで結婚しない女性の割合（生涯未婚率）が17・８％に達した。私が生まれた１９６０年調査では１％台だったから、結婚しない女性が激増したといわざるを得ない。

コロナ禍での調査なので、外出を制限され「出会いや交際機会が減った」影響もあるだろう。しかし、結婚しない主たる理由は「将来を見通せない不安」である。「一生涯、結婚しなくてもいい」との結婚観をもつ女性が物凄く増えている。

女性の立場で、考えてみよう。結婚すれば、出産・育児・教育に多大な時間とコストを奪われる。それまで自分が築き上げたキャリアを喪失するリスクもある。加えて、高齢化が急速に進んだ日本では介護問題が立ちはだかる。２０２２年の平均寿命は男性で81・05歳、女性で87・09歳。自らの両親だけでなく、夫の両親の面倒もみなくてはならず、「２人＋２人＝４人」の介護が妻の肩にのしかかる――。この未来図を想定すれば、結婚に二の足を踏む女性が増えるのも、肯ける。

日本の女性の生涯未婚率の推移・%

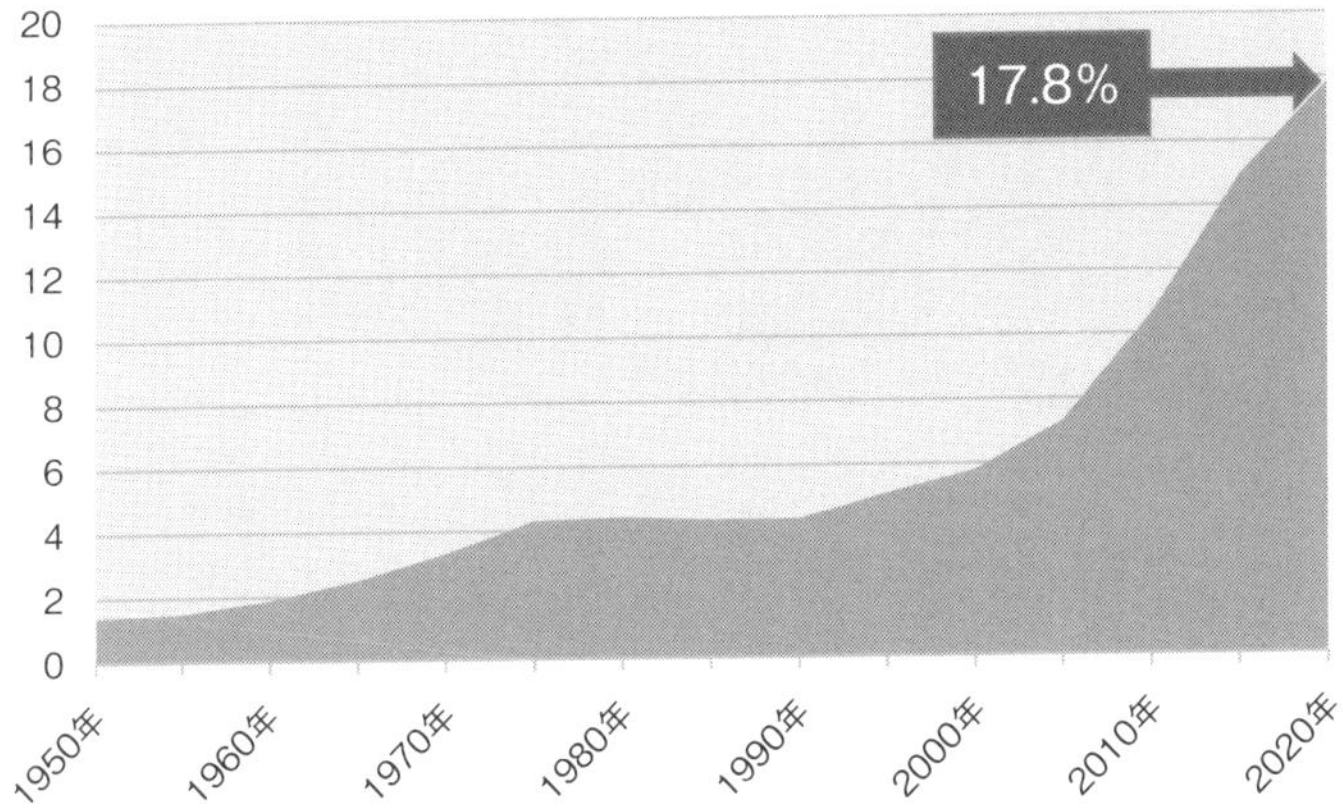

出典）国勢調査2020年版、「配偶関係未詳」を除く人口に占める比率

事実婚の法的保護を全国知事会で訴える

法務大臣に事実婚保護を要請する

こう考えて、日本でも欧米のように法的な結婚によらず、安心して子供を産むことができる選択肢を用意すべきではないか。実はこう考え、2023年、事実婚カップルにも、婚姻に準じた法的保護の整備が必要であると発表し、7月の全国知事会で法的整備の必要性を訴えた。8月には、法務省やこども家庭庁などに対し、事実婚カップルやその子供にも婚姻に準じた法的な保護制度を整えるよう求めたのである。

正直に打ち明けると、女性の生涯独身率の「高さ」を知る以前から、人口減対策として、欧州の事実婚保護という政策が常に気になっていた。

スウェーデンは1987年、事実婚を法的に保護する「サムボ婚(サムボは同棲の意)」

サムボ制度で上昇したスウェーデンの出生率

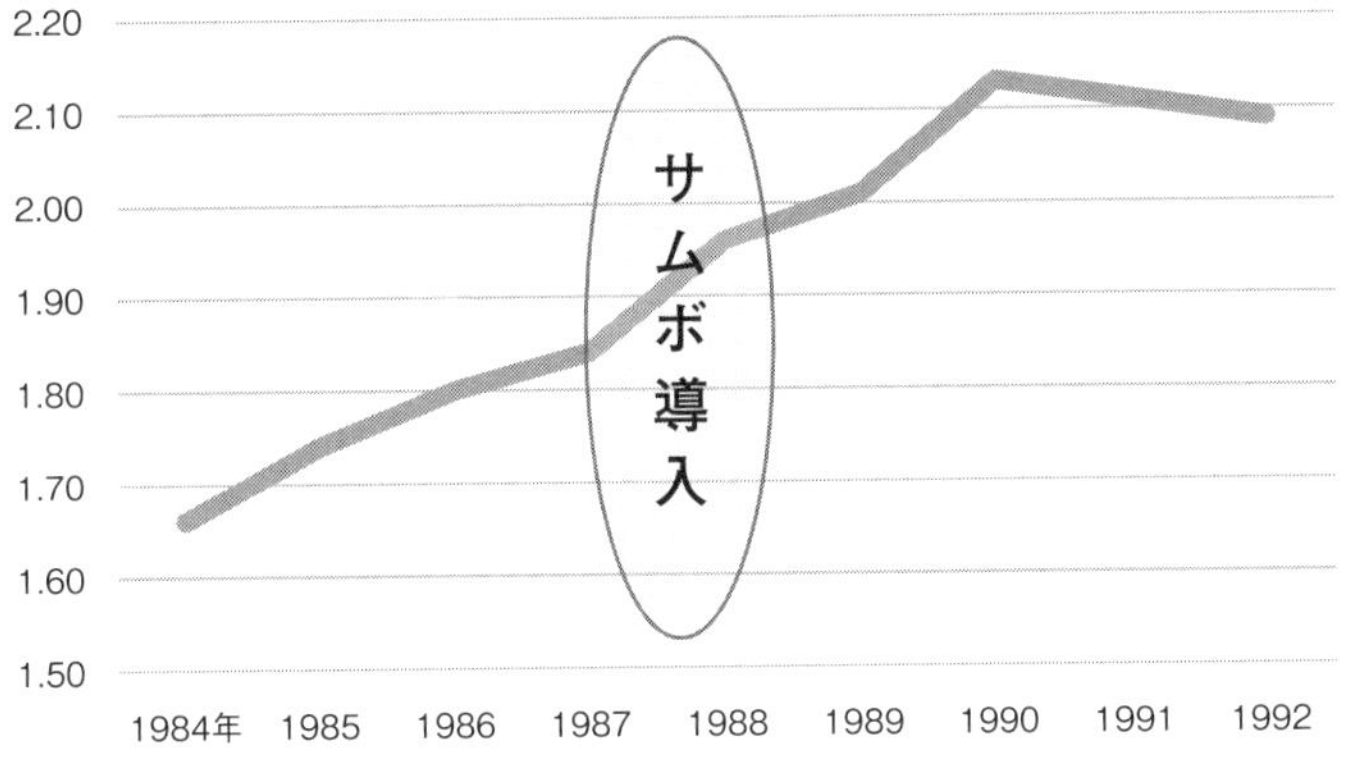

出典）国連「世界人口予測1950→2100」（2022年改定版）

PACSで上昇したフランスの出生率

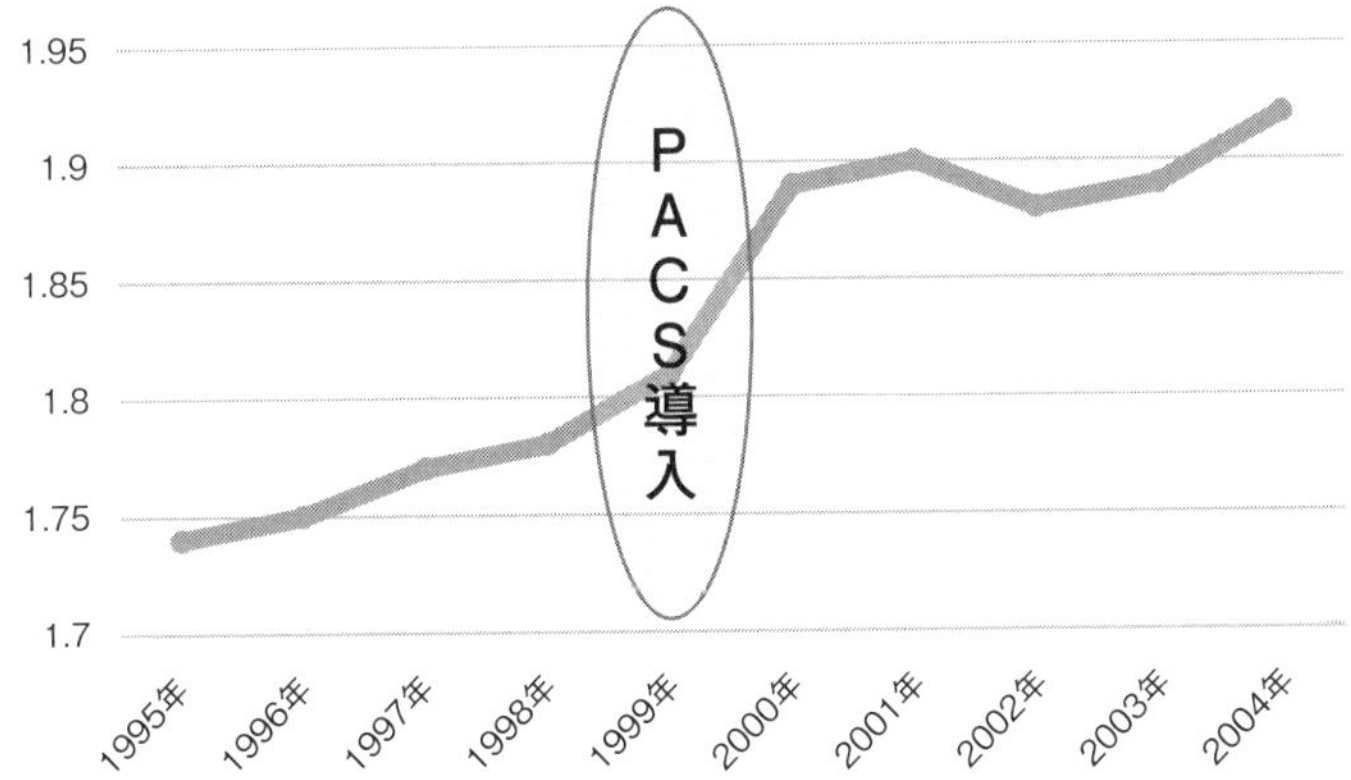

出典）国連「世界人口予測1950→2100」（2022年改定版）

法制度をつくり、翌年から施行した。婚外子（非摘出子）として生まれた子供に、嫡出子と同等の相続権を与えるほか、仮にカップルが離別しても経済力の弱い方へ最低限の生活を保障する仕組みだ。

フランスでは1999年、性別に関係なく、成年に達した2人の間で、安定・持続的な共同生活を営むPACS（連帯市民協約）を法制化。正式な婚姻関係にないカップルも法的保護を受けやすく、子供に対して共同親権を行使でき、嫡出子と婚外子の区別は存在しない。

両国とも事実婚、一人親、同性カップルの増加など、家族観の多様化に対応し、婚姻によらないカップルの権利を認めて法的に保護すると同時に、その子育て環

相関関係の強い婚外子割合と出生率

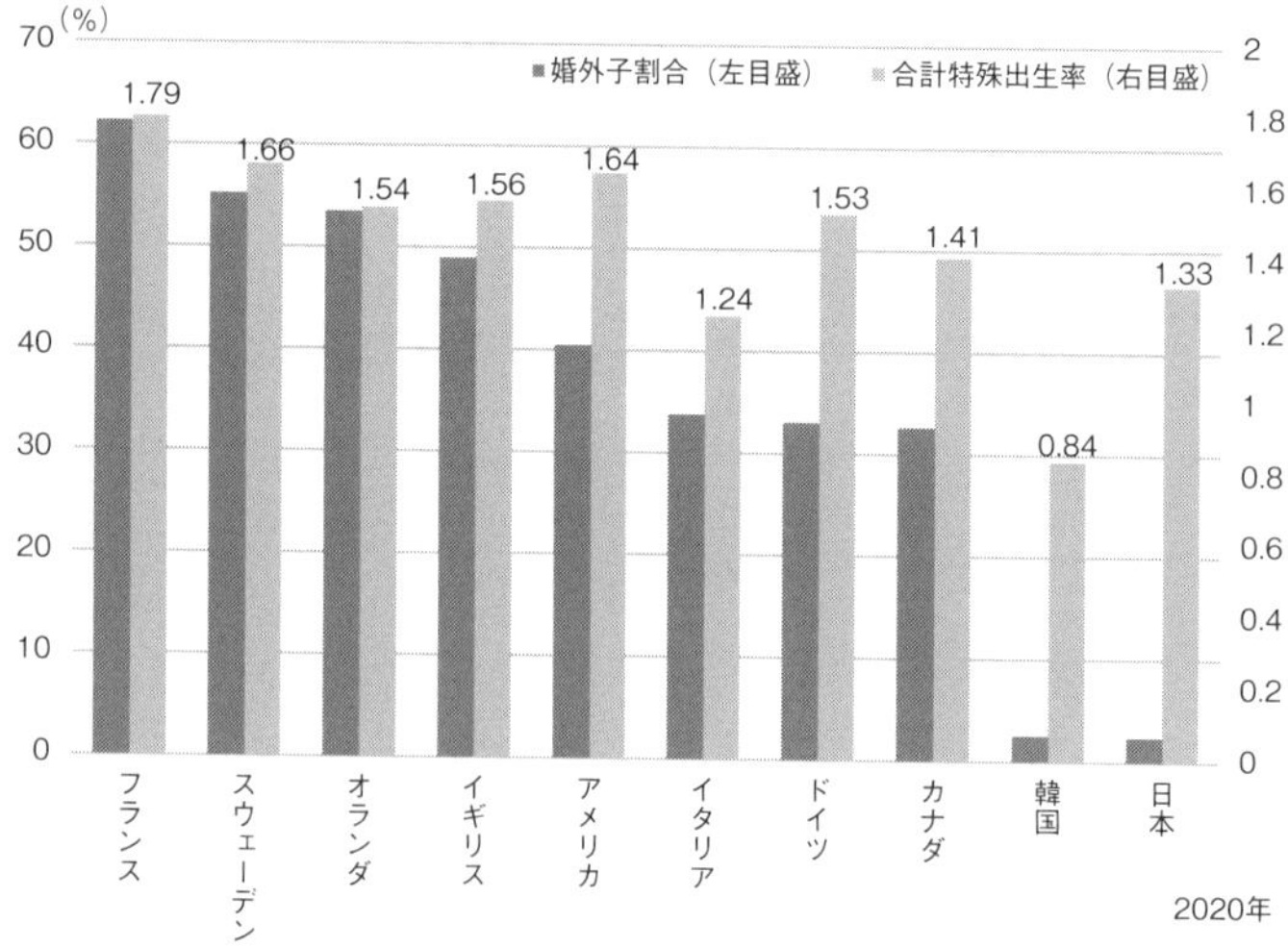

出典：OECD Family Database

緩やかに上昇している日本の婚外子比率・%

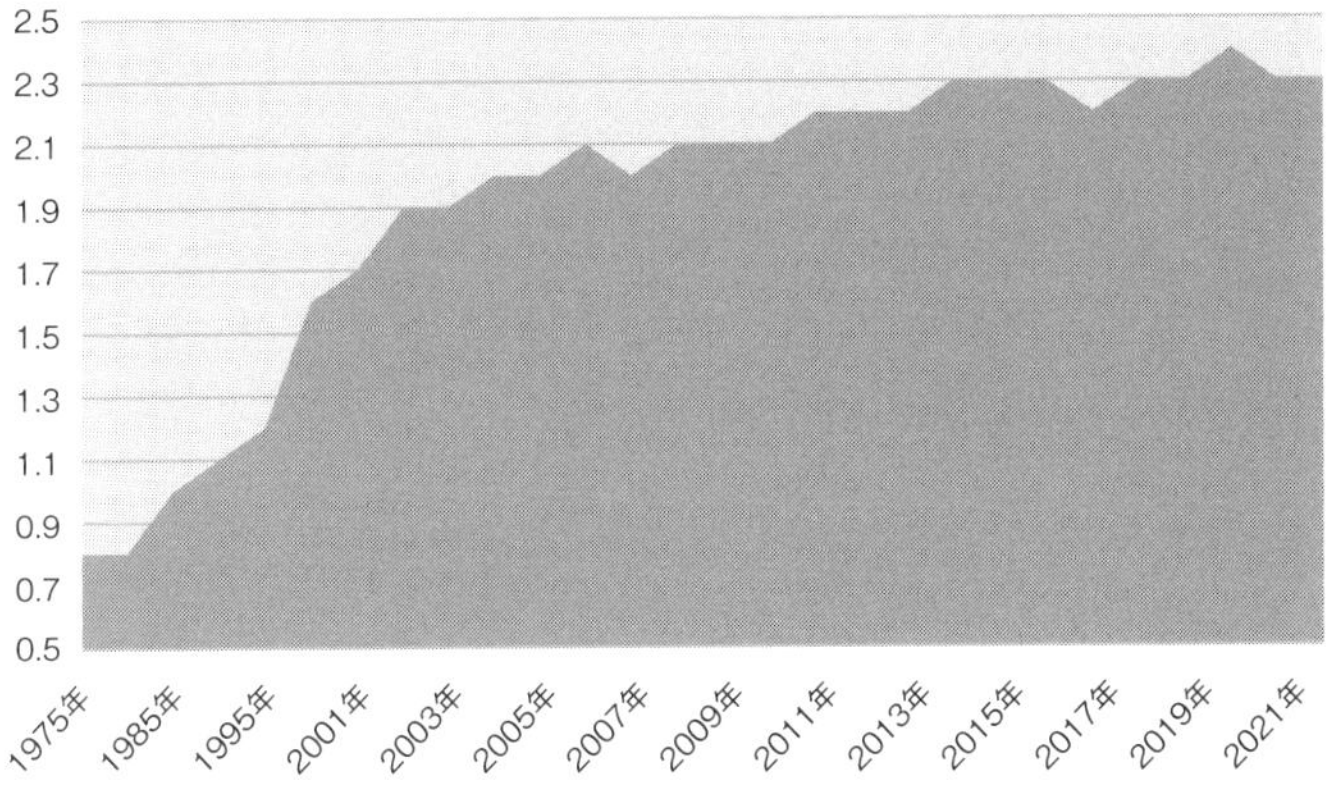

出典）人口動態統計

婚姻に占める「授かり婚」の割合

授かり婚※の割合は20%程度。年齢が若いほど割合が高くなる。

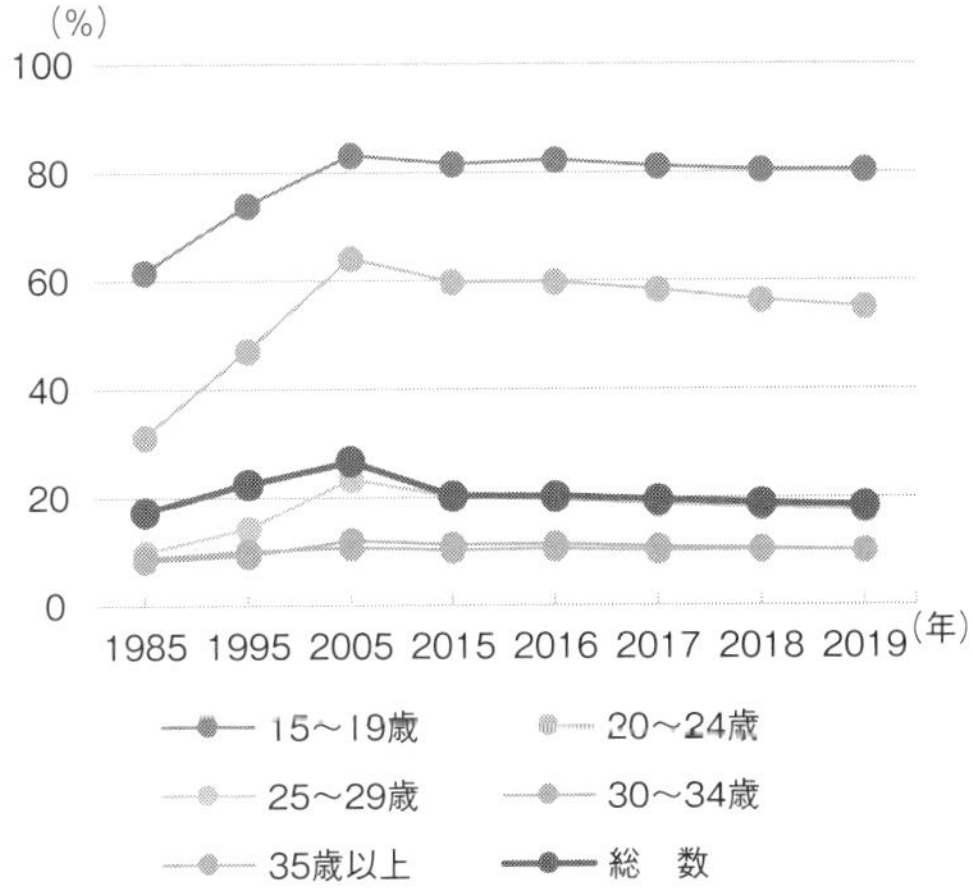

出典：厚生労働省「令和3年度人口動態統計特殊報告」
※「結婚期間が妊娠期間より短い出生」の「嫡出第1子出生」に占める割合

境の整備に踏み出したのだ。この結果、スウェーデン、フランスの両国とも、合計特殊出生率が上昇したのである。

調べてみると、欧米では婚姻制度とは別に、多様なカップルを法的に保護する国が多く、結婚しないまま出産・育児をするカップルの比率が高い。しかも事実婚カップルから生まれた婚外子比率が高い国々は、相対的に合計特殊出生率も高いという事実がある。特にフランスは婚外子比率が6割を超えており、これが先進国最高といわれる同国の合計特殊出生率(2010年、2・02)を下支えしているのは明白だ。

では日本の状況はどうなっているか。日本の婚外子の比率は、緩やかに増加傾向をたどっている。また妊娠してから婚姻関係を結ぶ授かり婚(できちゃった婚)の比率はおおよそ2割程度だが、10代では8割以上の高さだ。日本にも婚姻によらずに生まれる子供が一定程度いるわけで、しかも徐々に増えていることをきちんと認識したい。

日本政府が批准・発効(1994年)した「子どもの権利条約」には、「すべての子供は、いかなる理由でも差別されず、すべての権利が保障される」と、うたっている。婚外子を含め、どのような環境にある子供も不利益にならない制度を整備する必要がある。

日本ではようやく2013年、嫡出子の半分だった婚外子の相続割合に関する民法規定が撤廃され、嫡出と婚外子の権利の平等化が進んだ。しかし現在も戸籍法に基づき、出生届には「嫡出子」と「嫡出でない子（婚外子）」の記載欄が残っている。早期に、婚外子差別を助長する手続きや法制度はすべて見直すべきで、法務省などに対し大きく3点を要請している。

まず、事実婚であっても子供の共同親権を認めるなど、カップル間のパートナー契約に、婚姻に準じた法的保護を与える新しい届出・登録制度「日本版ＰＡＣＳ」を創設すべきだ。このため、民法改正を含め、法的整備を急ぐ必要がある。

２点目として、出生届の「嫡出子」と「嫡出でない子」を分けた記載を撤廃するなど、婚外子差別につながる、あらゆる法制度を見直す必要がある。

３点目は、事実婚パートナーが病気や事故で手術や入院が必要となった時、同意を家族のみに認めるといった社会慣行の見直しについても、関係者の理解促進に取り組む必要がある。法的婚姻によらないカップルやその子供への差別意識の根絶が何よりも重要であり、教育や啓発活動を広範に取り組んでいきたい。

愛知では２０２４年４月から、多くの県民に利用してもらう「愛知県ファミリーシップ宣誓制度」を導入した。県内に住む、すべてのカップルを対象に、婚姻関係にあるパートナーと同等の行政サービスが受けられるようになった。現在、住んでいる市町村にパートナー制度がなくても、あるいは引っ越ししても、県営住宅の入居や県立病院での面会などで、事実婚パートナーが法律婚とまったく同じ権利を得るようになった。

明治9年(1876年)の太政官布告に規定された成年年齢(20歳)が、18歳へ引き下げられたのは令和の時代(令和4年、2022年)に入ってからである。DNA技術の目覚ましい発達にもかかわらず、妻が妊娠した際に原則夫の子とみなす「嫡出推定」規定の改正が決まったのも、2022年のことである。日本では、明治以来の法制度を改めるのは、とにかく大変なのだ。特に民法などは、国民の8割以上が賛成しないと事実上改正できないとも言われている。だが国民の価値観は急速に多様化し、人口減対策が危機的状況であるなか、安閑としているわけにはいかない。国民運動として、事実婚を法的に保護するよう、盛り上げていきたい。

断っておくが、事実婚が人口減対策の万能薬などというつもりはない。フランスやスウェーデンでは、事実婚の法的保護導入で一時期上昇した出生率がその後、再び低下し始めている。しかしフランスは、2013年、同性カップルの養子縁組を可能とするところまで家族政策を進化させている。人々の価値観や家族像が急速に多様化するなか、排除の思想をとらず、あらゆる政策を総動員するダイバーシティ戦略を進める。人口減対策には、この姿勢が肝要である。

提言19

◎多様なカップルを法的に保護する欧米のダイバーシティに学べ

◎子供の共同親権を認めるなど事実婚を法的に保護する日本版ＰＡＣＳを創設せよ

◎出生届など婚外子差別につながる、すべての法制度を改めよ

◎事実婚パートナーに手術・入院時の同意を認めるなど、差別的な社会慣行を見直せ

大競争の礎

第5章

クルーグマン（Paul R. Krugman、1953年～）らの空間経済学によれば、収穫逓増と輸送コストの低減で、世界には自動車、航空宇宙、金融などの特定産業が集積する都市圏が形成された。これはグローバル化と技術革新の進展でますます加速し、先進国だけでなく、新興国を加えた、世界の都市圏競争を巻き起こしている。ハブとしての国際空港と、そこから網の目に広がる高速輸送手段などのインフラ整備を進め、世界からヒト、モノ、カネ、情報をいかに集めるか。大規模災害、感染症のパンデミック、地球温暖化といったリスクにどのように備えるか。ダイバーシティに富んだ人材を育て、多種多様な声をすくいあげる統治の仕組みをどうやって築くか。第５章では、中京圏が、世界の大競争を勝ち抜いていくための、新しい統治の礎について説く。

20 リニア交流圏をフル活用

東南アジア初のインドネシア高速鉄道（２０２３年開通）が超人気だそうだ。最高時速３５０キロで、車で２時間以上かかったジャカルタ―バンドン間（１４２キロ）を実質１時間（高速鉄道部分は30分）で結ぶ。運賃は最安でも現地月収の10分の１と高めだが、乗車率は約90％。高速鉄道の経済効果をみせつけた。

このインドネシア高速鉄道など比較にならない超弩級インパクトの、リニア中央新幹線が、いよいよ開業に向けて動き出す。ＪＲ、国、自治体、民間企業など関係者が知恵と技術を傾注し、一刻も早く全面着工し、総力を挙げて工期を短縮しなくてはいけない。

インドネシアだけでなく、東南アジア各国、インド、北・南米、アフリカなどで次々と高速鉄道構想が始動している。高速移動手段をいち早く獲得し、グローバルな経済成長を少しでも有利にしようと世界が競っているのだ。これまでの遅れを一気に取り戻さねばならない。

なにしろ超電導磁石で車両を浮かせて走るから、営業最高時速は５００キロ。「のぞみ」で１時間36分程かかった名古屋～品川間がわずか40分だ。しかもダイヤ通りという定時性が確保され、

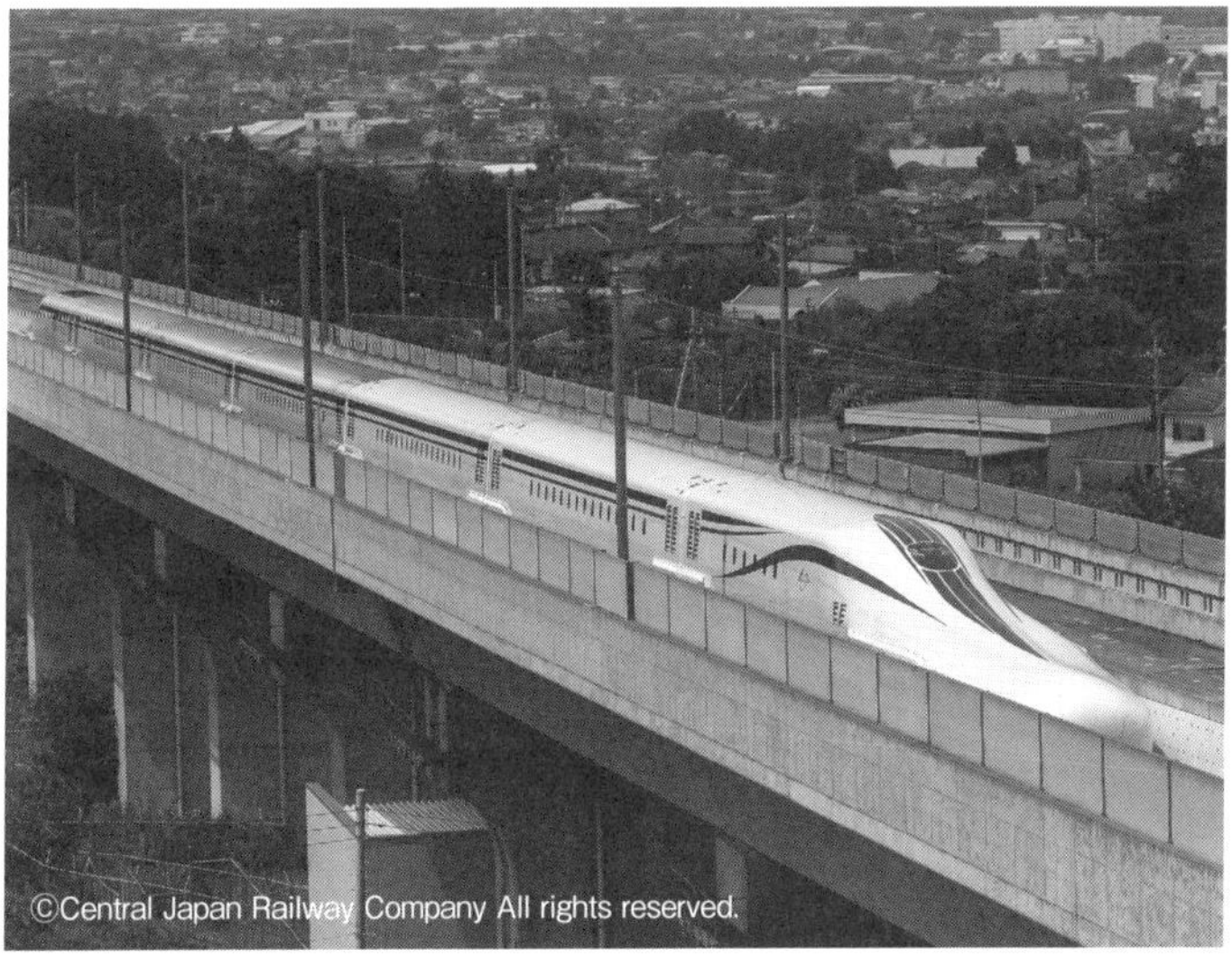

山梨リニア実験線

「リニア中央新幹線」の概要

	全線	品川〜名古屋	名古屋〜新大阪
路線距離	438キロ	285.6キロ	約150キロ
所要時間	67分	40分	27分
駅数（起終点駅含む）	9駅	6駅	4駅
走行方式	超電導磁気浮上方式		
営業最高速度	時速500キロ		
事業規模	10兆円超		

東海道新幹線（1日60万人超）に近い1日数十万人の大量輸送が可能となる。

一宮市の実家から東京都心へリニア定期で通うキャリアウーマンが登場する。世田谷から、医学部受験にめっぽう強い愛知の進学校へ通う高校生が出てくる。「はい、あと一時間でうかがいます」と、都内で故障した機械のメンテナンスを愛知から軽々とこなせるようになる。日間賀島の延縄《はえなわ》漁で朝獲りしたトラフグが昼には東京都内に並ぶ。週末だけ、山梨の別荘で暮らす二拠点生活が身近になる。

従来の通勤・通学、輸送・物流、営業、旅行・暮らしの概念を根底から覆す。名古屋駅が結節点となり、生産性の向上、新ビジネス・サービス、イノベーション、新規観光需要を喚起する。中京圏を中心にリニア交流圏を形成し、世界に40ほどあるとされる広域経済圏（メガリージョン）を上回る、超広域経済圏（スーパー・メガリージョン）ができあがる。愛知・中京圏の国際競争力が増すのは間違いない。

最新の統計（国勢調査や国連統計など）によると、中京圏と首都圏を一体化したリニア交流圏の規模は、人口で約５４００万人と韓国（５１８０万人）を上回る。域内総生産（ＧＤＰ）は約２８３兆円で、イタリア（約２７４兆円）を超え世界第8位のカナダ（約２８６兆円）に匹敵する。さらに新大阪駅までつながると、関西圏が一体的な超広域経済圏（リニア大交流圏）となり、人口はイギリスやタイを上回り、ＧＤＰはフランス（世界7位）とほぼ同等になる。

誕生するリニア大交流圏

中京圏		
愛知	GDP:83.3兆円 人口:1670万人	
岐阜		
三重		
静岡		
長野		

首都圏	
東京	GDP:199.4兆円 人口:3773万人
埼玉	
千葉	
神奈川	
山梨	

リニア交流圏	GDP:282.7兆円 人口:5443万人	
	GDP	人口
加	286兆円	3880万人
伊	274兆円	5890万人
韓国	224兆円	5180万人

関西圏	
大阪	GDP:88.7兆円 人口:2027万人
兵庫	
京都	
奈良	
和歌山	
滋賀	

リニア大交流圏	GDP:371.4兆円 人口:7470万人	
	GDP	人口
英	413兆円	6770万人
仏	371兆円	6480万人
タイ	66兆円	7180万人

出典）人口：都道府県は2023年10月時点で2020年国勢調査を基に住民基本台帳による移動数を加減した推計値。海外は2023年国連推計。
GDP（名目）：都道府県は内閣府2022年「県民経済計算」。海外は2022年国連統計に基づく米ドル建てを2022年末外国為替レートで換算。

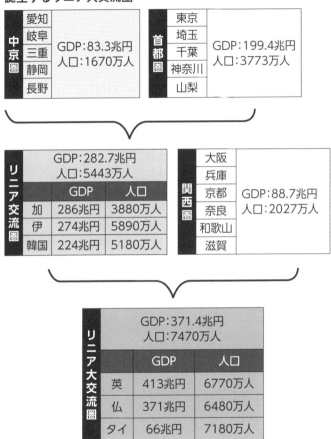

リニア中央新幹線を有効に活かすには、なによりリニア新名古屋駅とのアクセスが極めて重要である。「乗り継ぎ待ちで30分」などという事態を招いたら、せっかくの高速性が台無しだ。これはリニアの新大阪駅延伸まで乗り換えが必要な東海道新幹線名古屋駅のほか、中部国際空港（セントレア）、ジブリパーク、名古屋城、IGアリーナ（愛知国際アリーナ）などとのアクセスだけではない。

一般に2時間以内（120分）で到達できる範囲を交流圏と位置付けることが多い。これに従えば、リニア乗車の40分、都心内の移動の40分を考慮して、リニア新名古屋駅から40分圏内が、す

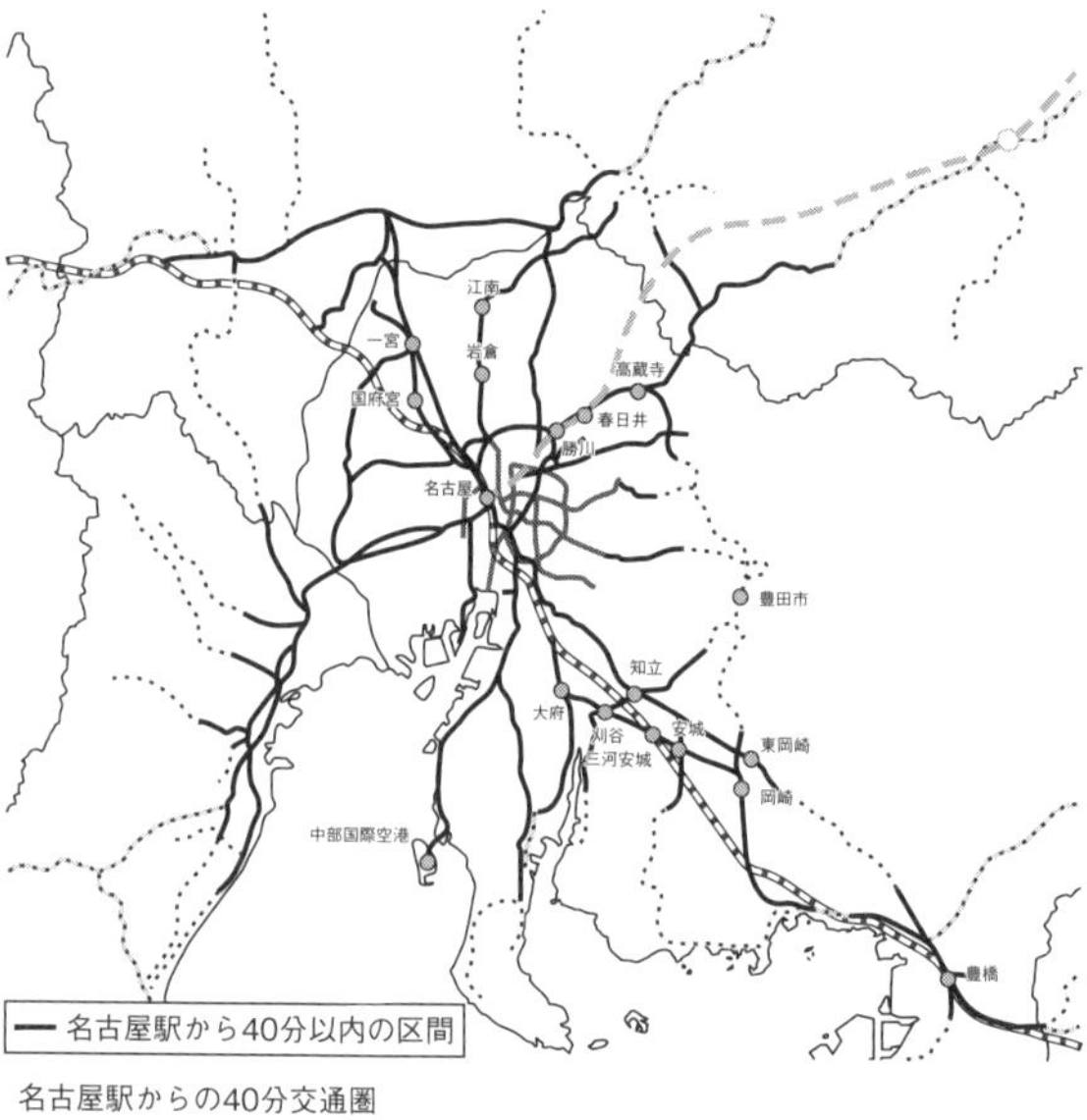

名古屋駅からの40分交通圏

首都圏に2時間以内で到達できるリニア交流圏（新たな名古屋駅から40分圏内）

東海環状自動車道

べてリニア交流圏に入ると考えられる。となれば、豊橋、岡崎、豊田、刈谷、安城、一宮、春日井、半田、常滑、さらには岐阜、四日市の各市はすべてリニア交流圏内だ。ＪＲ、地下鉄、名鉄、近鉄、あおなみ線、リニモ、バスなどすべての公共交通機関の乗り換えはいうに及ばず、「迷駅」と揶揄される名古屋駅内の動線などを含め、徹底的に無駄をなくし、接続性を高める効率移動に知恵を絞る必要がある。

このために幾つか提言をしたい。第１に、東海環状自動車道との連携だ。２０２６年度に、三重北部から岐阜南部を経由して豊田市をつなぐ東海環状自動車道が全線開通する予定だ。リニア新名古屋駅を中心とした放射線状のアクセスだけでなく、環状自動車道のインターチェンジなどとのアクセスをも考慮し、

MaaSなど次世代交通サービスを組み合わせ、大きな面として利便性の高い交通ネットワークを構築する必要がある。

２点目として、名古屋駅をスーパーターミナル化し、中京圏の顔にふさわしい空間へ整備することが欠かせない。名古屋市の計画では、平日でも肩と肩がぶつかるほど混んでいる中央コンコースとは別に、駅の東西をつなぐ通路（動線）ができるうえ、愛知大キャンパスやシネコンがある駅南の「ささしまライブ24地区」とのアクセスや、新しい新洲崎出入口の設置による名古屋高速道路との接続性も改善する。

名古屋駅周辺では、駅の東側と西側で、それぞれ地上と地下にわけて、バスターミナル、タクシー乗り場、広場などの再整備計画が進んでいる。リニア新名古屋駅が地下にできることから、地上部は、賑わいを創出する空間に整備する必要がある。このほか、名鉄名古

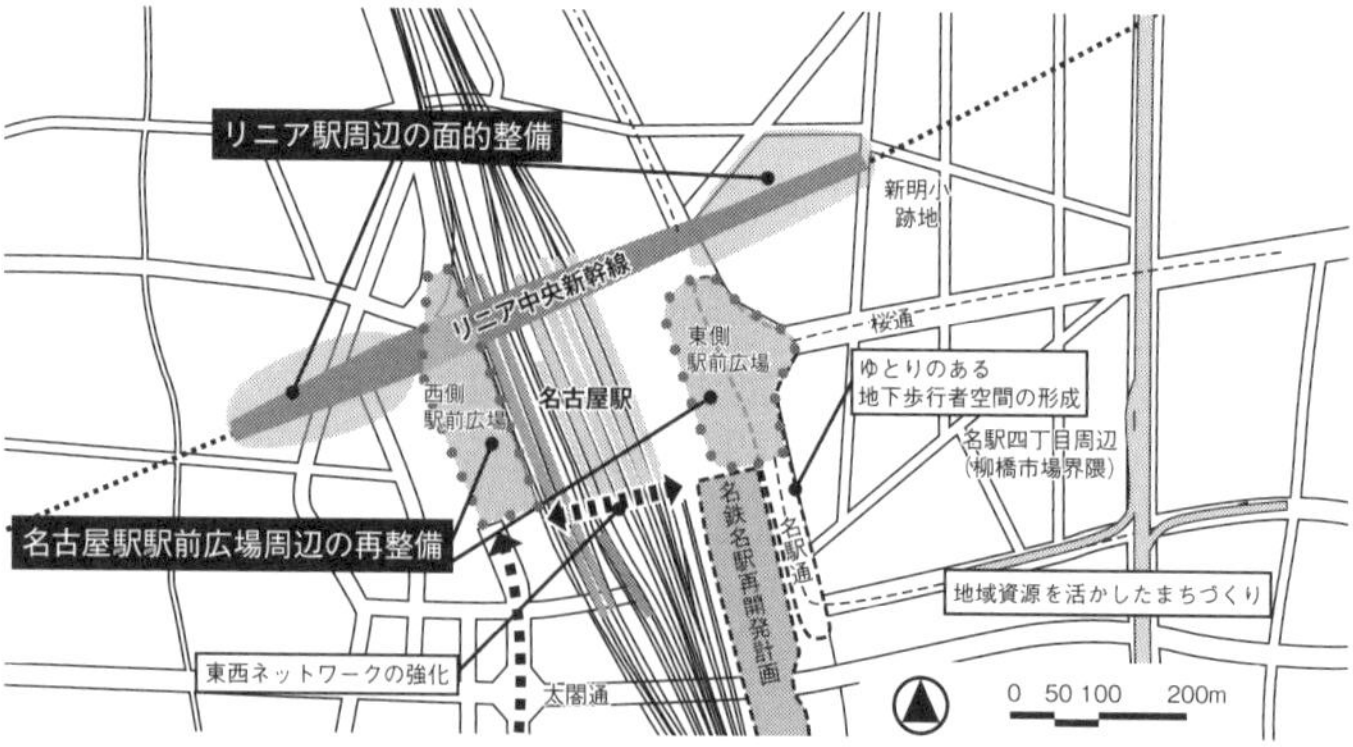

新しい名古屋駅周辺で再開発が進む

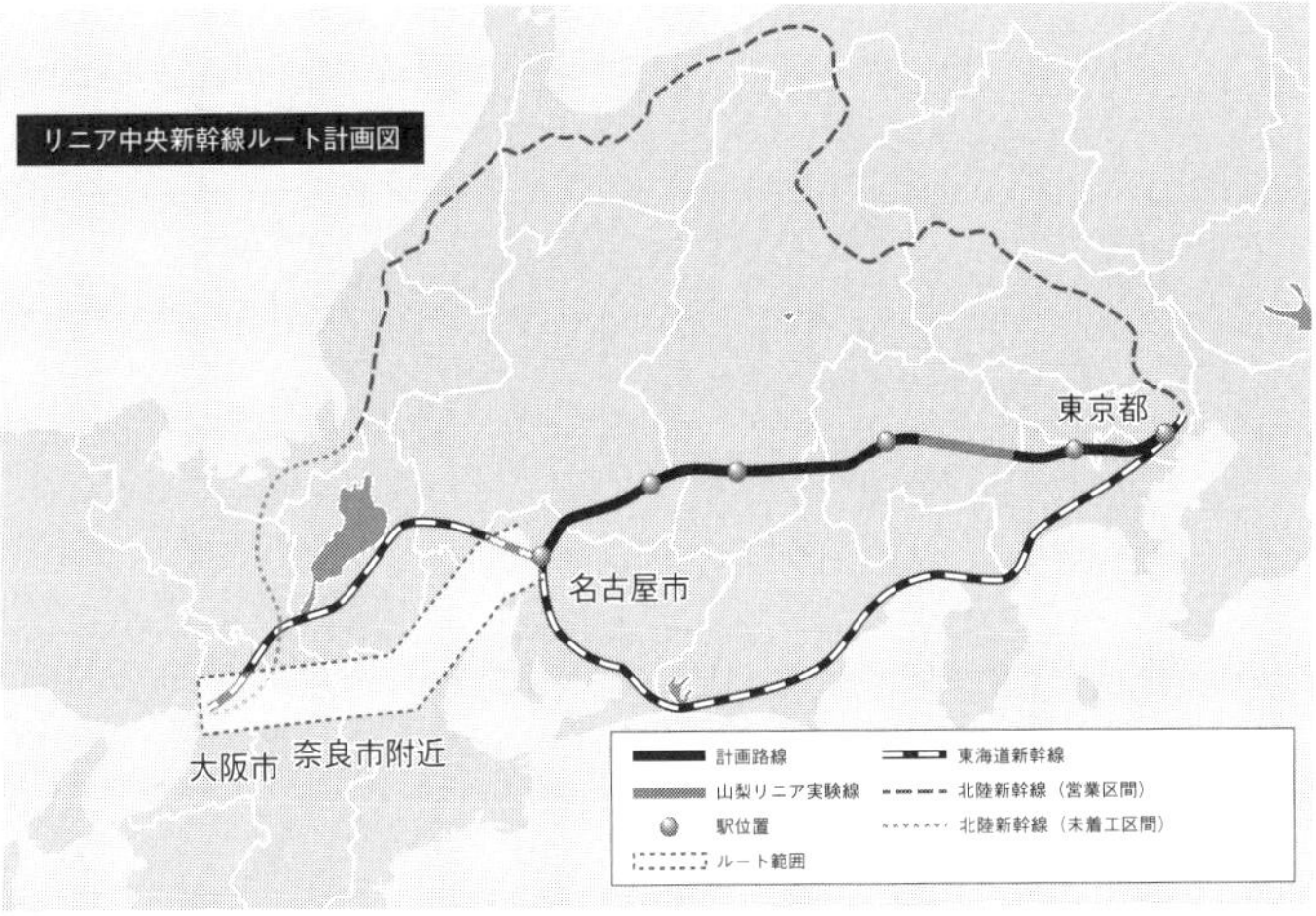

列島の真ん中を横断するリニア中央新幹線

屋駅周辺、駅南東の柳橋中央市場周辺の再開発計画などが着々と進んでいる。名古屋駅とその周辺整備では、中京圏の顔にふさわしい、快適で清潔感に溢れ、未来を予感させる景観が望まれる。モノづくり愛知を象徴するあらゆる最先端技術の導入を求めていきたい。

３点目として、リニア新駅を活かした広域観光振興策をとるべきだ。岐阜、長野、山梨、神奈川に新たに設置される駅周辺地域が極めて身近となる。通勤・通学は当然として、中津川、飯田、甲府、相模原などを広域周遊観光の拠点として位置づけ、観光資源の発掘・ＰＲが必要だ。「リニアで巡る戦国武将」観光というのはどうだろう。高齢化社会を迎え、都市住民の別荘、農園・菜園などを設け、本格的な２拠点生活を提案し、新しいビジネス需要の喚起も検討すべきだ。

4点目として、大規模災害に備えた動脈としての役割が大切だ。今後30年以内に70〜80％の確率で、マグニチュード8〜9クラスの南海トラフ地震や首都直下型地震の発生が予想されている。特に太平洋沖を震源地とする南海トラフ地震（東海地震）や首都直下型地震では、東海道新幹線、東海道本線、東名高速などが寸断され、日本の大動脈がマヒする恐れがある。被災地域を迂回する代替ルートの確保が必須であり、この代替動脈として、リニア中央新幹線への期待は高い。いざという時、いかに自衛隊、消防、ＤＭＡＴ（災害派遣医療チーム）らを運び、どのように救助・救援物資を輸送するか。事前準備が有事にモノをいうことを、日本人は何度も経験しており、綿密な準備が必要だ。

コロナ禍があけ、グリーン席を含めて新幹線の座席がとりづらいと感じている人は多いはずだ。ビジネス、観光、インバウンドと新幹線需要は爆発的に増えており、リニア中央新幹線の開業は、新幹線の混雑緩和効果だけでなく、既存の新幹線から溢れた潜在需要をすくいあげる効果を期待できる。

リニア開業が近づけば、まったく想定しなかった新ビジネス、イノベーション、需要喚起策が出てくるはずだ。私は現在、リニア中央新幹線建設促進期成同盟会の会長を務め、早期開業を各方面に働きかけている。開業時期が近づけば、リニア中央新幹線の利用促進・需要喚起組織へ衣替えし、官民で協調しながら、「（仮称）目からうろこのリニア活用法１０００選」など、経済活性化につながるビジネスやアイデアの発掘・振興・顕彰などに力を入れていく。

世界に先駆けて、日本が新幹線を導入して以来、高速鉄道網（時速250キロ以上）は仏伊独英などの欧州や韓国、台湾、中国などのアジアへと広がった。しかしインドネシア高速鉄道のように、日本の新幹線方式が苦杯をなめるケースもあり、必ずしも日本は先行利益を活かせていない。リニア中央新幹線の登場は、世界に衝撃を与えるだろう。高速性の概念が500キロ超に塗り替わり、定時・大量輸送のレベルを一気に引き上げ、我が国のインフラ輸出の追い風になると確信している。

提言20

◎リニア早期開業に向け、一刻も早く全面着工し工期を短縮せよ
◎リニア大交流圏の構築へアクセスを総点検して1分でも短縮せよ
◎新生・名古屋駅を中京圏の顔にふさわしい空間へ整備せよ
◎リニアを活かした新ビジネス、イノベーション、観光需要の創出が必須
◎大規模災害を想定し、代替動脈としての備えを万全に

21

東アジアの「空のハブ」に

東アジアで、激しい空港の新設・拡張競争が起きている。中国では３大国際空港（上海浦東《プードン》、北京首都、広州白雲）に続いて成田級を超える北京大興国際空港が開港。アジア３大空港とされた韓国（仁川《インチョン》国際空港）、シンガポール（チャンギ空港）、香港（香港国際空港）だけでなく、タイ、ベトナム、フィリピンでは複数の国際空港の新設・拡張計画が進み、カンボジアでは世界遺産アンコール・ワットにつながる「シェムリアップ・アンコール国際空港」が本格開業した。日本でも２０２５年３月に福岡空港の第２滑走路が運用を始め、成田国際空港は２０２９年に第３滑走路の新設を計画する。コロナ明けを機に、アジアのハブをめざし、一斉に「空の玄関」の増強が動き出した。

中部国際空港（セントレア）も負けてはいられない。セントレアから上海まで２時間、台北まで３時間、香港まで５時間、シンガポールやジャカルタまで７時間である。リニア中央新幹線の開業以降は、愛知が、中京圏と首都圏を一体化した一大交流圏のハブとなる。ならば東アジアの「空のゲートウェイ」にふさわしい能力をもつ必要がある。

東アジアの空港拡張競争

中国	・2019年、「北京大興国際空港」(滑走路4本)開業
香港	・「香港国際空港」が第3滑走路を建設中
韓国	・「仁川国際空港」が第5滑走路の建設計画を検討
タイ	・バンコク近郊「スワンナプーム国際空港」に2024年中に第3滑走路完成 ・バンコクに近い「ドンムアン国際空港」と東部「ウタパオ国際空港」も拡張中
ベトナム	・ハノイの「ノイバイ国際空港」の旅客能力を2030年までに2.4倍に ・ホーチミンの「タンソンニャット国際空港」が拡張工事に着手 ・ホーチミン近隣で「ロンタイン国際空港」を2025年に新設
フィリピン	・マニラ周辺で「サングレー・ポイント国際空港」など4空港の整備計画が進行
カンボジア	・「シェムリアップ・アンコール国際空港」が2023年に開業 ・プノンペンで新空港建設が進み、南部「シアヌークビル国際空港」に改修計画
インドネシア	・ジャカルタ郊外に「第2スカルノ・ハッタ国際空港」の建設計画 ・北スマトラの「クアラナム国際空港」を拡張
シンガポール	・「チャンギ空港」が2030年をめどに第5ターミナル建設
マレーシア	・「クアラルンプール国際空港」の受入能力の倍増計画

「セントレア」の概要

名称	中部国際空港(愛称・セントレア)
開港時期	2005年2月
場所	常滑市
種別	国際拠点空港(会社管理空港)
管理者	中部国際空港㈱
施設規模	・空港島面積:約580ヘクタール ・滑走路:3500メートル ・スポット数:81
特徴	・24時間運用 (メンテナンスのため深夜時間帯に滑走路閉鎖) ・日本で唯一の総合保税地域
旅客施設	・第1旅客ターミナル(約21.98ヘクタール) ・第2旅客ターミナル(約4.46ヘクタール) ・一般駐車場(7800台)
貨物施設	・第1、第2、第3国際貨物上屋 ・国内エアライン上屋 ・国内フォワーダー上屋

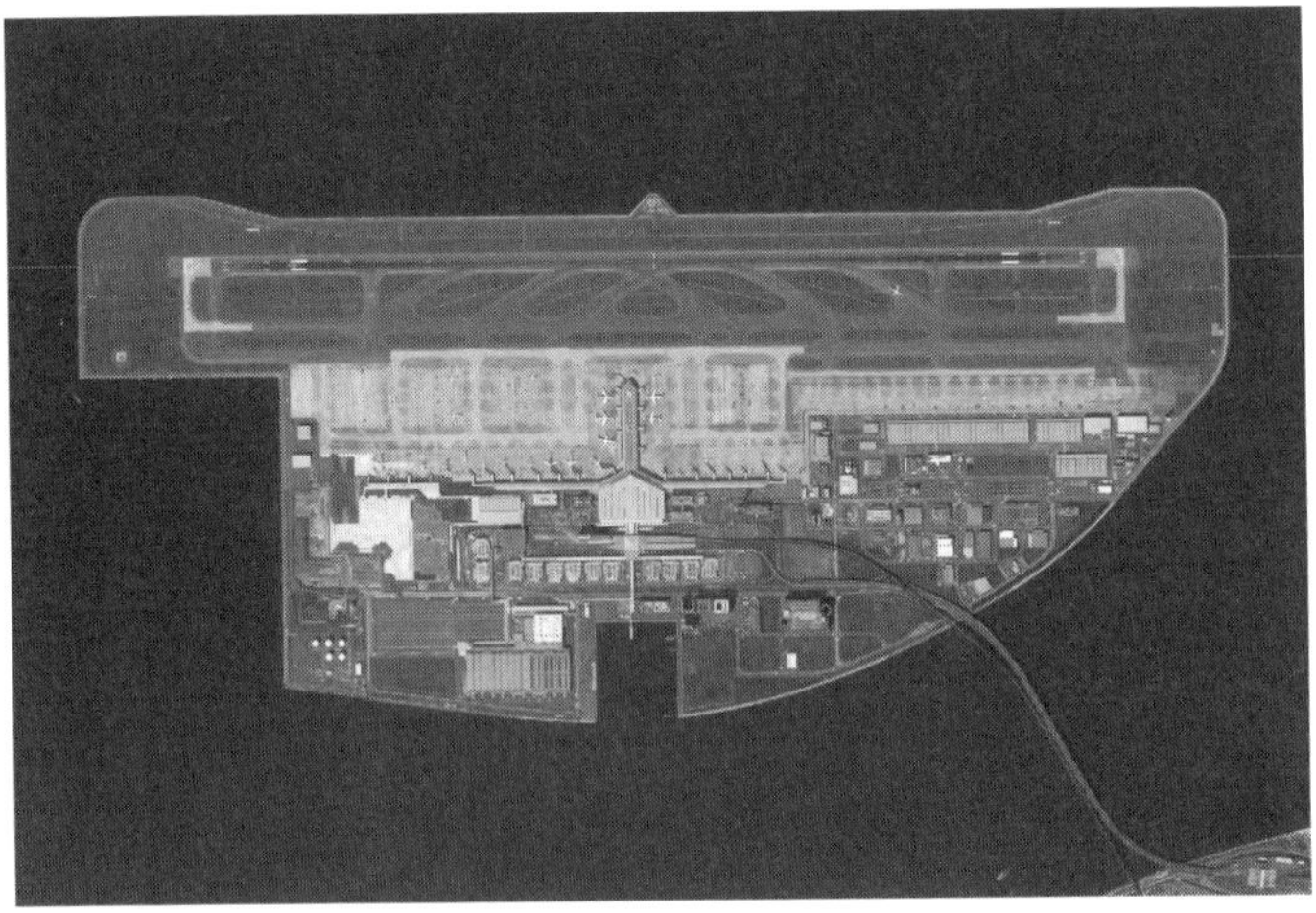

東アジアのハブをめざすセントレア

このため2021年12月、第2滑走路の導入に向けて、愛知、岐阜、三重、名古屋と地元経済団体などで構成する中部国際空港将来構想推進調整会議は、セントレアの将来構想をまとめた。この中で、すでに開港から19年がたち老朽化した現滑走路の大規模補修とあわせて第2滑走路を整備し、最終的に現在より発着回数を1・5倍に増やす構想を打ち出した。

なにしろ3大都市圏の空港で、第2滑走路がないのはセントレアのみである。それどころか、日本の旅客数ベスト10に入る空港のうち、第2滑走路が整備されていないのは、福岡空港が来年整備されるので、セントレアと鹿児島空港、神戸空港だけになる。世界の都市間競争を勝ち抜いていかねばならないのに、何とも恥ずかしいことだ。このままでは取り返しのつかない事態を招く。中京圏をアジアのハブとなし、国際競争力を向上し、盛り上がるインバウンド消費を取り込むためには、極力早期に第2滑走路の整備に着手する必要がある。

第2滑走路整備と大規模補修は2段階で実施する。手順はこうだ。第1段階では、すでに2022年度から、現滑走路(A滑走路)の210メートル東にB滑走路の整備に取り掛かっており、2027年から運用を始める計画だ。B滑走路の整備と同時に、現A滑走路の大規模補修を進め、暫定的に2本の滑走路を運用する。2本の滑走路の間隔は210メートルなので、年間発着回数の上限は現在よりも2割増える。

第2段階では、名古屋港の浚渫《しゅんせつ》土砂で造った空港西側の埋め立て地に第2滑走路(新A滑走路)

セントレアの拡張第1段階

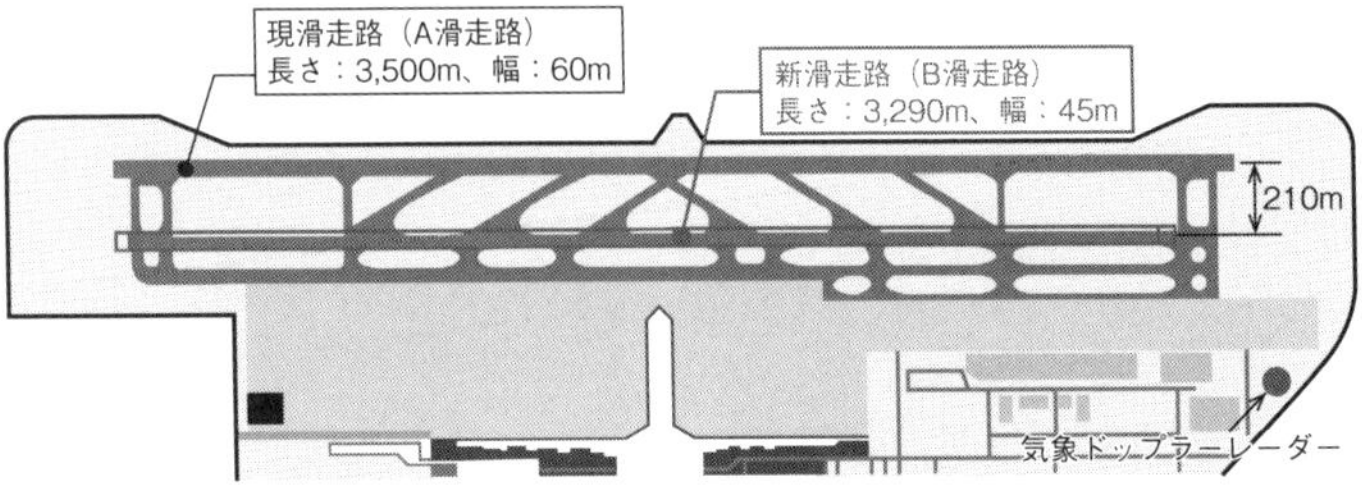

セントレアの拡張第2段階

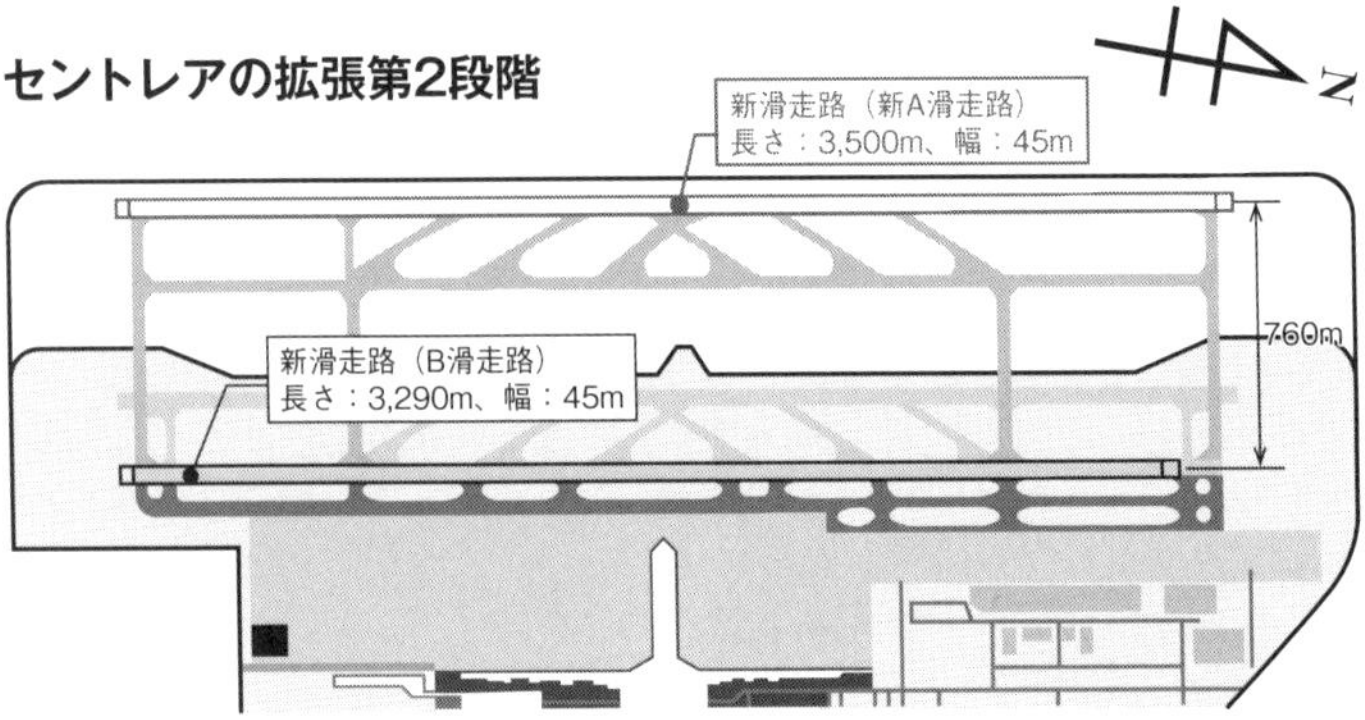

を整備し、この供用開始と同時に、現在のA滑走路を廃止する計画だ。これによって、2つの滑走路（新A滑走路とB滑走路）の間隔が第一段階の210メートルから760メートルへと広がり、国の安全基準によって、年間発着回数の上限を1・5倍に引き上げ可能となるのである。

当然、滑走路などのメンテナンスは日々の安全性を確保するため必須であるが、セントレアは深夜・早朝便が就航しており、十分なメンテ時間の確保が難しいという問題があった。この問題も、まずB滑走路の整備、続いて新Ａ滑走路の整備と２段階で進めれば、解決しやすくなる。なにより滑走路上で不測の事態が起きた際、滑走路が２つあれば、空港閉鎖を避けることができる点が大きい。

第２滑走路の整備は、悲願である。滑走路が２つ整えば、内外から新たな就航便をどんどん誘致することが可能だ。幸先よくスタートしたセントレアは、リーマン・ショックで旅客数、取扱貨物量ともに落ち込み、せっかく回復基調にあった２０２０年以降にコロナ禍に見舞われ、思ったような実績をあげられずにきた。しかしコロナ禍が明け、欧米を中心に就航便を誘致して、インバウンドをうまく取り込み、旅客数のＶ字回復が期待できる。

また、セントレアには他にはない利点がある。日本の空港では唯一、総合保税地域の許可を受けているのだ。海外からの貨物の荷揚げ・保管・流通加工などを保税状態のまま処理することが可能で、税関手続きが簡素化され、納期短縮によってコスト削減につながる。またセントレアは、空港島内の港から航空機に搭載するまでの超大型貨物輸送ルートを確保しており、一般道を輸送できないサイズや重さが規格外の貨物も、船舶によって持ち込み、航空貨物とすることが可能だ。現に、ボーイング７８７の機体の35％は愛知県で製造され、製造工場から空港島の公共ふ頭まで海上輸送、その後、空港南側エプロンからボーイング社により航空輸送されるというＳｅａ＆Ａｉｒ輸送が行われている。

貨物輸送の優れた点を活かさない手はない。中部経済界と歩調をあわせて、セントレアの貨

旅客数の推移(単位:万人)

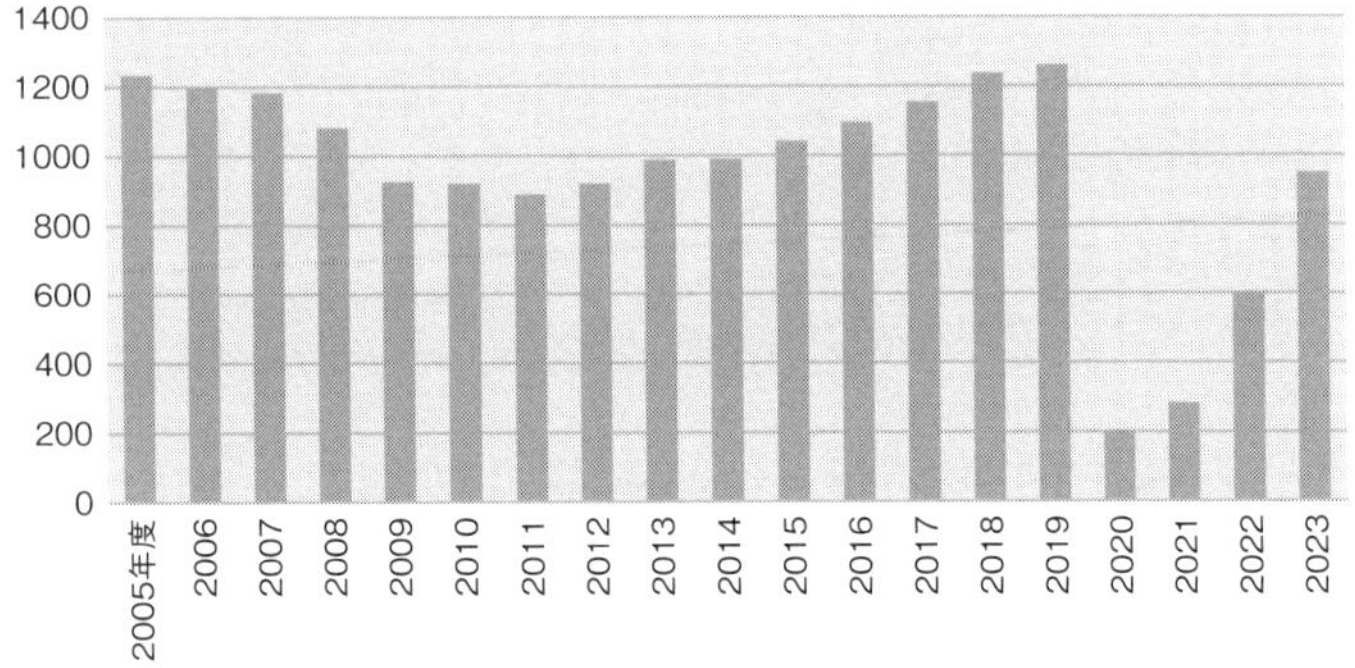

出典)中部国際空港会社の実績一覧、2023年度は推計値

貨物取扱量(単位:千トン)

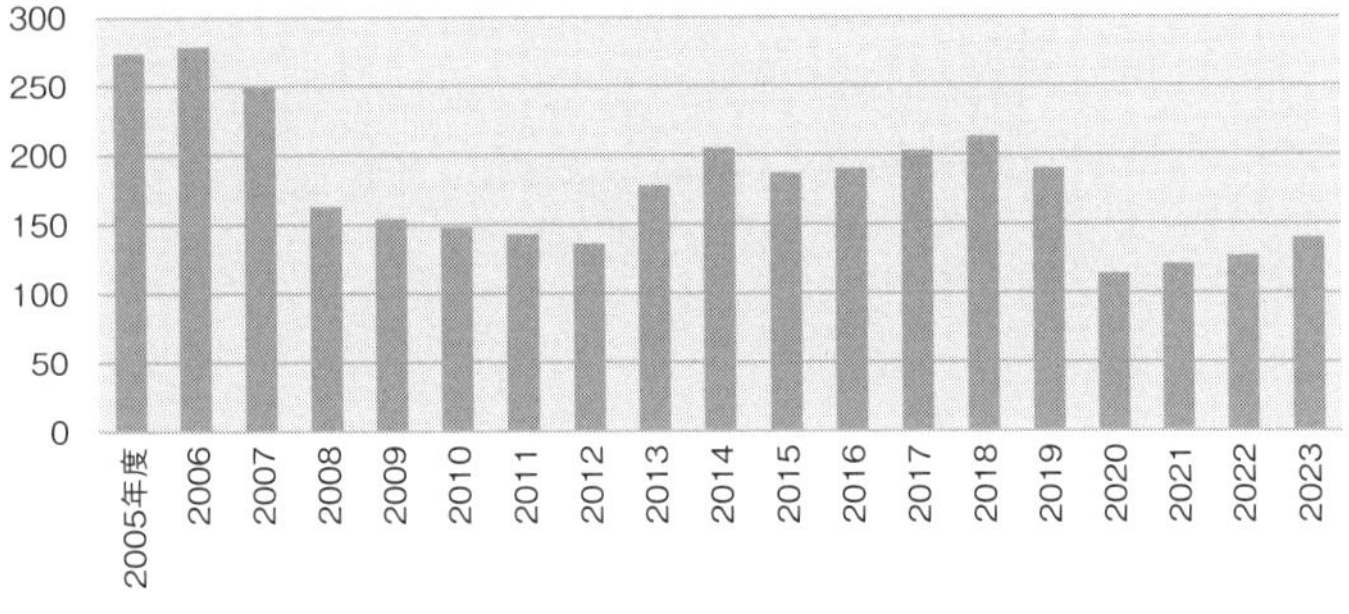

出典)中部国際空港会社の実績一覧、2023年度は推計値

物取扱量を増やす「フライ・セントレア・カーゴ」運動を推進していきたい。貨物量の増大が新規航空路線の誘致につながり、それがさらなる貨物量の増大を生む、という好循環を生んでいきたい。

リニア中央新幹線が開業すれば、東京都心まで1時間程度のセントレアは羽田、成田と並ぶ、首都圏空港の意味合いをも持つようになる。

今年の正月、羽田空港でJAL機と海上保安庁機が起こした衝突事故は、羽田が異常な過密状態に陥っていることを白日の下に曝け出した。

国際空港評議会（ACI）によると、羽田は1時間あたり最大90回離発着可能という。1分間に1・5便が離・着陸している計算で、異常なラッシュ状態といえる。2010年に第4滑走路の運用を始め、2020年には都心上空を飛ぶ新ルートの運用を始めたことで便数が増え、異常な過密状態に陥っている。羽田ではさらに5本目の滑走路構想もあり、将来的に過密状態の解消は見込みにくい。

そこでセントレアの登場である。リニア開通で都心まで1時間余りという「地の利」を活かし、羽田が担わされてきた異常な負担をセントレアが肩代わりする。セントレアが、首都圏空港としての役割を十分に果たせば、羽田の危険な過密状況は少しなりとも解消するだろう。

第2滑走路の導入やリニア開通を追い風に、セントレアを管理・運営する中部国際空港㈱グループは中期経営計画「2030年のありたい姿」で、旅客数2000万人級の空港にするとの

旅客数2000万人級の空港へ

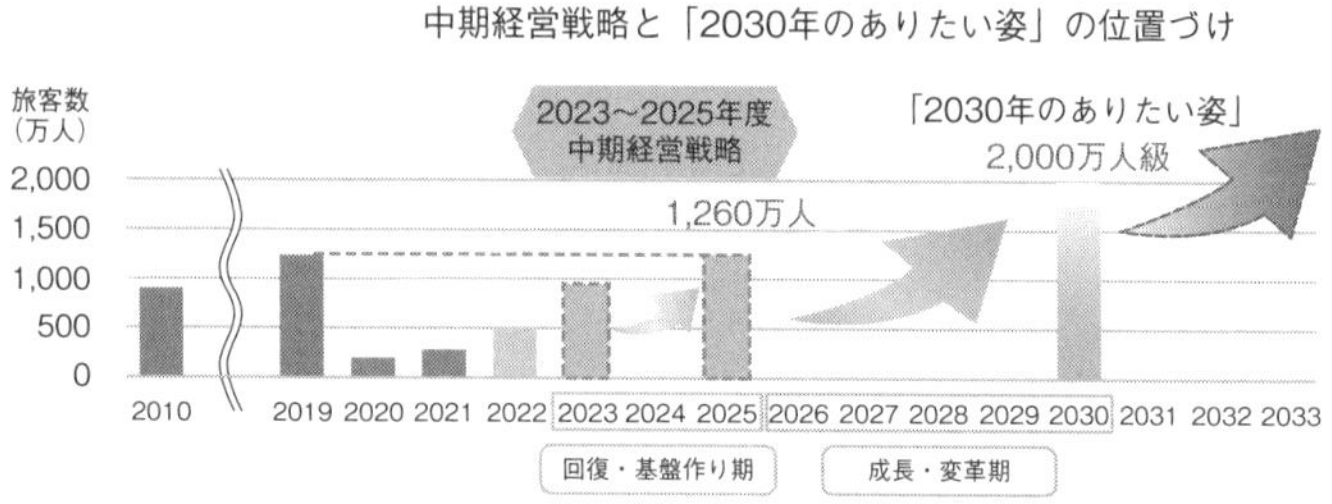

混み合う「Aichi Sky Expo」

目標を掲げている。ハブ空港として、絶対にクリアせねばならない目標である。

　このため、日本初の空港直結型の国際展示場「Aichi Sky Expo」を活用したMICEなどの振興策にも力を入れねばならない。ご存じのようにMICEとは、民間企業などの会議（Meeting）、企業の報奨・研修旅行（Incentive Travel）、学会などの国際会議（Convention）、展示会・見本市・イベント（Exhibition/Event）の頭文字をとった造語で、域内への外国人訪問者を増やす手法として極めて有効とされる。お手本となるのがシンガポールだ。シンガポール政府はコロナ明けを見越し、2023年からいち早く、MICE誘致を、国を挙げて再開した。キーワードはアクセス（接続性）、イノベーション（革新性）、サステナビリティ（持続可能性）の3つだが、特にイノベーションで、起業家、大学・研究機関、大手企業、金融機関などが出会う場所としてシンガポールを活用してほしいとの姿勢を前面に打ち出した。まさに愛知のお手本である。モノづくり愛知の総力を挙げて、「Aichi Sky Expo」を活用し、世界を驚かせる展示会・イベントを開催し、セントレアのハブ化につなげていきたい。

提言21

◎セントレアの第2滑走路整備に着手し、発着回数を1・5倍に増強を
◎新規路線誘致とMICE振興で、まず旅客数2000万人級に
◎総合保税地域や超大型貨物輸送ルートを活かし、一大貨物輸送拠点に育成
◎リニア開通後は羽田の肩代わり役を担い、異常ラッシュの緩和につなげよ

22

新しい統治のカタチ

間違いなく、サイズや形が合わなくなってしまった。可愛い孫の服の話ではない。日本の統治の話である。

２０２４年元旦16時10分に発災した能登半島地震。愛知の緊急消防援助隊をすぐさま招集し20時過ぎに能登へ向けて出発させ、輪島地区などで懸命の救助活動に従事してもらった。ＤＭＡＴ（災害派遣医療チーム）などを陸続と派遣し、水、アルファ米、おむつ、生理用品などの支援物資や衣料品を送り、義援金を受け付け、断水・停電が続く石川県内の高齢者施設などから要介護の高齢者ら多くの避難者を受け入れた。

愛知が支援したのは能登半島地震だけではない。東日本大震災以来、大規模災害が起きるたびに、愛知から救助・支援に向かっている。被災した都道府県だけでは、救命・救助や避難・復興活動などが十分に行えず、周辺自治体に頼らざるをえないケースが激増している。そもそも激甚災害に指定される大規模災害自体が後を絶たない。大地震、津波、豪雨などの大規模災害に見舞われるたびに、いまの都道府県の枠組みで、果たして対応できているのか、との疑問を抱いてきた。

疑問はコロナ禍で、より鮮明になる。第1波、第2波、第3波などと新型コロナウイルス感染症がパンデミックを起こすたびに、愛知は岐阜、三重と綿密に連携をとり、情報交換しながら、緊急事態宣言の発令要請、不要不急の外出自粛、学校などの休業、大規模集客施設の使用制限、飲食店などの休業・時短要請などで歩調をあわせた。これは非常に労力のかかる作業であった。しかし愛知だけの対応では感染症対策の効果は十分でなく、ひとつの経済圏が面として対処する必要があったのだ。

経済合理性を無視した話である。令和になって初めて開業した新幹線である西九州新幹線（長崎新幹線）は、長崎駅と博多駅を結ぶ計

コロナ禍期間中の連日の記者会見

画だったが、長崎駅から武雄温泉駅（佐賀県）までしか、つながっていない。武雄温泉駅から博多駅までは在来線を使い、事実上の部分開業なのだ。佐賀県内区間の整備方式が未定である理由など、詳しい事情はここでは省く。しかし開通したのが走行距離わずか66キロでは、新幹線の体をなしていない。

リニア中央新幹線も同じだ。静岡県内の着工が遅れ、２０２７年度をめざした開業が困難になった。詳しい事情は、ここでは省く。ただリニアの開業が遅れる分だけ、日本の活性化が遅れ、国際競争から取り残されていくことは間違いない。

20世紀末から、グローバル化と技術革新が急速に進み、ヒト、モノ、カネが県境や国境を越えて自由に迅速に移動するようになった。アジア、欧州、北中南米、アフリカとの往来が活発となり、新興国の台頭・競争も激しいので、広域経済圏としての戦略や対応が必要になった。これは災害対策、感染症対策、高速交通網整備だけではない。産業振興・イノベーション、観光振興、エネルギー・温暖化対策、人口減少対策など、どれもが広域での対策が欠かせない。

新型コロナウイルスに続き、次なる未知の感染症がいつやって来てもおかしくない。温暖化が進み、災害はますます激甚化する。もはや明治以来の都道府県制度では、対応が難しくなってしまった。いまこそ、広域統治のカタチとして、道州制を本格的に検討すべきである。「東海州」でも「中京圏」でもよい。広域経済圏が一体となって発展し、リスクに迅速・効果的に対処する統治のカタチが必要である。

２点目として、統治を担う「選良」の在り方も根本から変えるべきだ。とにかく衆院で４６５人、参院で２４８人いる国会議員の資質が今日ほど問われていることはないと思う。頻発する不祥事は、目を覆わんばかりだ。政治不信は頂点に達している。早い話が、国会議員が多すぎるのだ。かねて私は、国権の最高機関である国会は、まず衆議院をやめて参議院もやめて、日本も一院制へ移行すべきと主張してきた。国会を一院化し、立法や政策決定の迅速化をはかるべきだ。国会議員の数も、日本の人口がどんどん減少していく実情を踏まえ、３００人程度までスリム化すべきだ。一票の格差が生じたならば、「10増10減」ではなく「10減」のみでいい。

世襲議員の横行も、見直すべきであろう。21世紀に入って以降の日本の総理は、森喜朗氏から岸田文雄氏まで10人が誕生しているが、うち7人が世襲議員である。世襲でないのは菅義偉氏ら3人のみ。議員の2世、3世は当たり前で、最近は5世候補者まで出てきたと聞く。まさに政治家が「家業」に堕しており、このまま放置するわけにはいかない。

ペンシルベニア大学のダニエル・スミス助教授（Daniel M. Smith）の国際調査では、日本の国会議員の世襲比率は約3割と、5％程度のイギリス、ドイツ、イタリア、韓国に比べて極めて高い。アメリカはケネディ家やブッシュ家など世襲議員が多い印象があるが、せいぜい5～10％にとどまる。もちろん憲法で保障された職業選択の自由があるから、法的に世襲を禁止・制限することはできない。

しかし議院内閣制の老舗、イギリスでは、各政党の本部が候補者の選挙区を決めるため、下院議員が世襲する場合、親と同じ選挙区から出馬することはほぼ皆無という。また下院議員の公認候補となるには、世襲議員であっても一般候補者と同様に、地域党員による予備選、査定委員会の審査などを経て候補者リストに載り、最終的には党員投票で選ばれる仕組みが厳然とある。世襲といえども、能力の有無をきちんとチェックされるのだ。日本でも、少なくとも親とは別の選挙区に出馬地域を変更するぐらいの改革を、各党は進める必要があるだろう。

政治家には、絶対的にダイバーシティ（多様性）が必要である。ダイバーシティがなければ、守旧に徹

主要国国政の女性議員比率(%)

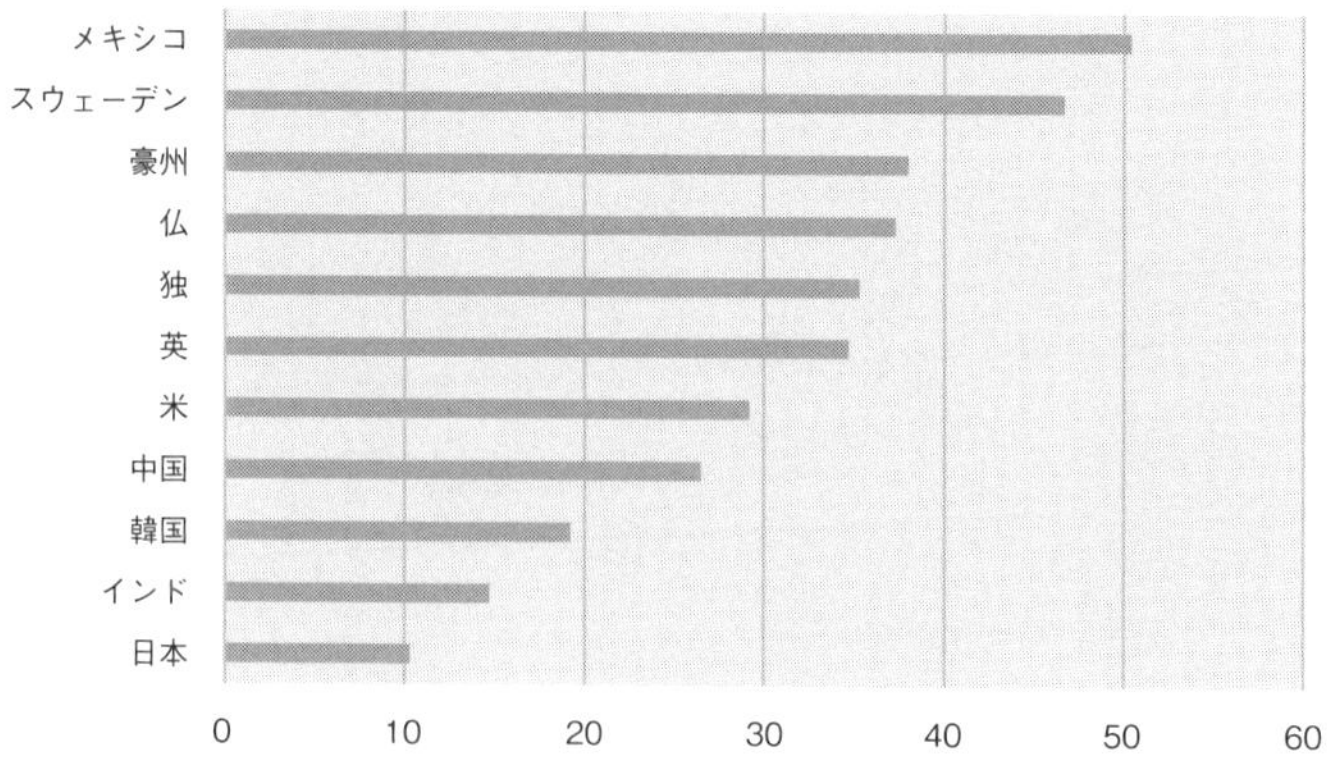

出典）列国議会同盟（IPU）調査、2023年8月時点、日本は衆議院

し、イノベーションや変革を指導できず、少数勢力の声もすくいあげられず、結果的に社会全体が旧態依然に陥ることになる。ダイバーシティの必要性が世襲議員批判の根拠であると同時に、女性をもっと国政の場へ登場させるべきだとの主張の原動力にもなっている。日本でも女性に一定の議席を割り当てるクオータ制度を採用すべきだ。

日本の女性議員比率（2023年時点）は衆議院で10・3％と、列国議会同盟（IPU）が世界193カ国（下院または一院制議会）を対象にした調査で、166位だった。後ろから数えた方が早い悲惨な状況だ。欧米諸国はいうに及ばず、中国、韓国、インドより低い。これでは政治に意見を反映する機会の少ない女性の声が届かず、少子化や教育改革などが進むはずがない。女性議員がわずか1割なのに、「異次元の少子化対策」と胸を張るリーダーなど笑止千万である。

クオータ制は、ノルウェー左派社会党党首を務めたベリット・オース（Berit Ås、1928年〜）が提唱した制度で、1978年制定のノルウェー男女平等法で「公的機関の委員会、審議会、評議員会の構成員の4割以上は女性を選出」と規定したのが嚆矢《こうし》だ。以降、北欧から世界へ広がった。おもに①議席の一定数を割り当てる②候補者の一定割合を割り当てる③政党が自発的に候補者の一定割合を割り当てる――といった3つの手法がある。クオータ制を導入した国々は、急速に女性議員比率が上昇しており、日本でもクオータ制度の研究を急ぎ、早期の導入が必要だ。

本書では繰り返し、人口減少の怖さと人口対策の必要性を述べてきた。奈良朝以来、緩やかな人口増加を続けてきた日本の歴史をつぶさにみると、実は人口が停滞した時期があったと、最近の人口学者は指摘する。江戸時代後期である。

江戸後期、およそ3000万～3500万人だった日本の人口はほとんど横ばいで、微減した時期もあった、とされる。主たる要因は飢饉、疫病、天災などだが、封建制による身分の固定化と鎖国政策でイノベーションが起きにくく経済発展が制約されたことが、人口減の底流にあったと分析されている。政治家の世襲が続き、旧態依然に堕したいまの日本は、同じ轍を踏んでいないだろうか。統治のカタチにメスを入れ、新風を吹き込む時期である。

提言22

◎世界の経済圏競争に負けないように、日本は広域行政単位「道州制」へ移行を
◎日本も一院制となし、国会議員を300人程度にスリム化を
◎世襲議員の弊害に歯止めをかけるため、各政党は知恵を絞れ
◎女性議員の登用へ日本もクオータ制を導入せよ

おわりに

福島県令だった山吉盛典《もりすけ》はその著『済世遺言』で、紀尾井町清水谷で斃《たお》れる直前の、内務卿・大久保利通の言葉を伝えている。それによると、明治元年より10年間の第1期は「兵事多くして創業」の時期、明治20年までの第2期は「内治を整い、民産を殖する」時期、明治30年に至る第3期を「守成・継承」の時期とし、維新の精神を貫徹して治世を実行するには30年が必要である、と説く。

改革派知事と称され、岩手県知事や総務大臣を歴任した増田寛也・日本郵政社長は「大臣は1、2年で任期を終えることが多いですが、知事は2期、3期と務め、10年以上をかけて、じっくりと自らの政策を実行できます」と知事と大臣の違いを述べている。大久保公と増田氏に共通するのは、自らの信念に従い改革を断行するには、20年、30年といった時間が必要である、ということだ。

大久保公の言葉に従えば、4期目のわが知事任期は「内治を整い、民産を殖する」の時期に該当する。そこで弊著『スタートアップ興国論──愛知が起こす成長革命Ⅲ』（2020年刊）や『今

点検・愛知カレンダー

	時期	内容	点検
2022年度	4月	国立長寿医療センター、新棟完成	◎
	7月～10月	国際芸術祭「あいち2022」	◎
	11月	ジブリパークⅠ期開業	◎
	11月	世界ラリー選手権	◎
2023年度	11月	ジブリパークⅡ期開業	◎
	3月	「Toyota Technical Center Shimoyama」稼働	◎
	3月	ジブリパークⅢ期開業	◎
2024年度	6月	展示会「AXIA EXPO」	
	7月	展示会「ROBOT TECH JAPAN」	
	10月	「STATION Ai」オープン	○
2025年度	3月～10月	愛知万博20周年記念事業	
	夏	「IGアリーナ（愛知国際アリーナ）」、オープン	○
	9月～11月	国際芸術祭「あいち2025」	
2026年度	9月～10月	第20回アジア競技大会	
	10月	第5回アジアパラ競技大会	
2027年度	年度内	セントレア、第２滑走路運用開始	○
2028年度以降		新・愛知県がんセンター、オープン	
		基幹的広域防災拠点を整備	
		リニア中央新幹線（名古屋―東京）開業	

注）◎は予定通り実施、○は予定通り進行、[網掛け]は新しいスケジュール

こそ、ファーストペンギンを目指そう―愛知が起こす成長革命Ⅳ―』（２０２１年発行）で示した愛知カレンダーに従って、これまで進めてきた政策の実現度を自ら点検してみたい。

モノづくり愛知に欠かせないイノベーションでは、予定通り、２０２３年度に「Toyota Technical Center Shimoyama」が稼働し、今年10月には、計画通りスタートアップの揺り籠「STATION Ai」がオープンする。

日本文化の珠玉であり観光の目玉、ジブリパークも２０２２年度に第１期エリアが開業し、２０２３年度には第２期（もののけの里）、第３期（魔女の谷）に分けて集客効果を上げながら完全開業にこぎつけた。国際芸術祭も２０２２年度に開催し、次回は２０２５年、芸術監督に初の外国人女性監督として、アラブ首長国連邦出身で国際ビエンナーレ協会会長も務めるフール・アル・カシミ氏を招いて開催する。

スポーツ面では、２０２５年度にＩＧアリーナ（愛知国際アリーナ）が完成し、２０２６年度には、いよいよアジア競技大会・アジアパラ競技大会を挙行する。

このほか国立長寿医療研究センターの新棟完成、世界ラリー選手権なども順調に開催できた。残念ながら、リニア中央新幹線の整備には水を差された。すべてが順風満帆というわけにはいかない。しかし成長と豊かさを実現するため、全般にダイバーシティ（多様な）改革が順調に進んでいると、自負している。

日独のGDPの推移(単位・兆ドル)

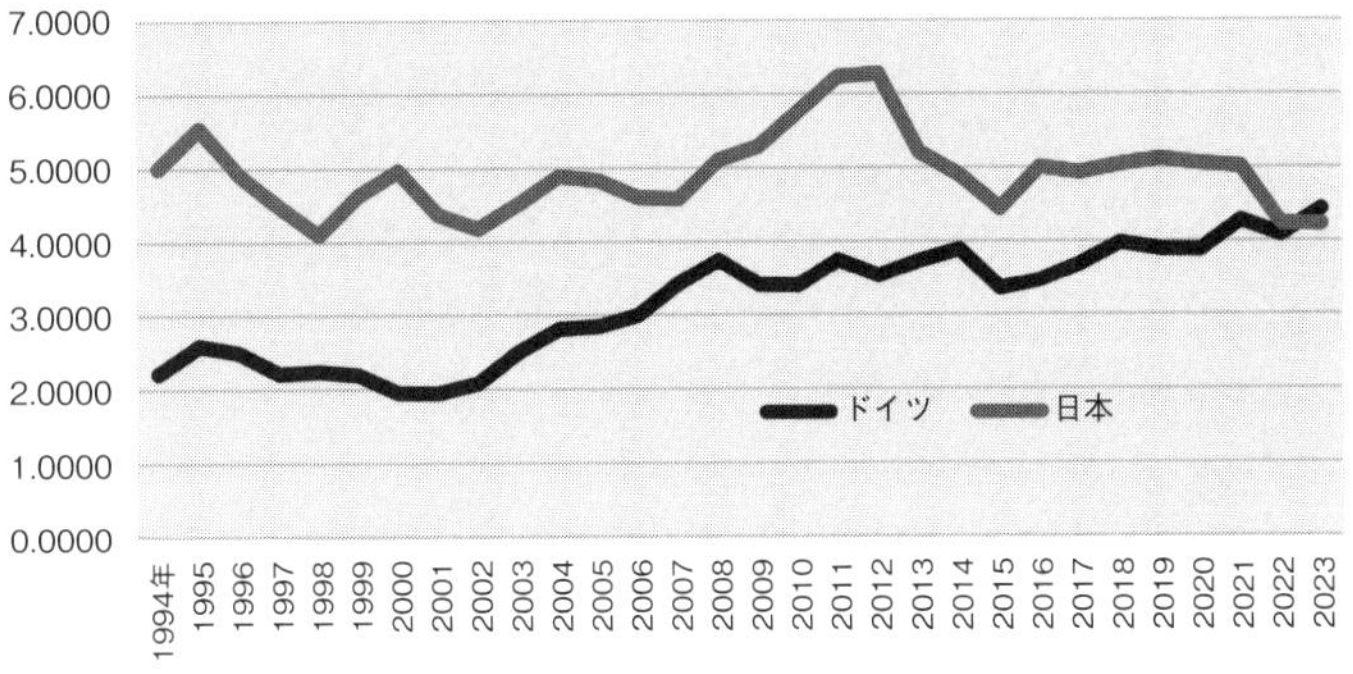

出典)IMF統計、名目値、米ドル換算

ここで強調しておきたいのは、トヨタ自動車、ソフトバンク、NTTグループ、スタジオジブリといった日本を代表する企業やコンテンツ集団の協力をとりつけ、共同でプロジェクトが進んでいる点である。今後も、海外の最高峰の知見や経験を貪欲に吸収すると同時に、日本の最高峰集団とも連携しながら、改革に取り組んでいきたい。

改革を怠るとどうなるか。「はじめに」の項目でも指摘したが、日本は2023年、名目GDP(ドル換算)でドイツに抜かれて世界4位に後退した。円安のせいだとの解説も聞かれるが、日本の構造的な原因があるのは間違いない。なにしろバブル経済が崩壊した30年前に、日本のドル建てGDPはドイツの2倍以上もあったのだ。それが「失われた10年」「失われた20年」と停滞を続けている間に、とうとうドイツに追い付かれた。後ろからはインドも迫ってきている。

果たして、近世以降、日本のように停滞し続けた国があったのか。調べてみたら、20世紀初めのアルゼンチンがまさに該当した。アルゼンチンは大農業・畜産国として、第二次世界大戦まで、1人当たりGDPで日本、イタリア、スペイン、豪州などを上回る世界十指に入るような富裕国であった。

しかし農業国から工業国への転換を怠り、外資を排斥して門戸を閉ざした。産業の国有化を進め民業を育てず、福祉関係支出を増大させて国民の歓心を買う政策を進めた。長くポピュリズム主義をとったペロン一族が政権を独裁し腐敗政治を蔓延《まんえん》させたのも痛かった。この結果、ほとんどゼロ成長を長期にわたって余儀なくされ、最終的には、先進国から転落してしまったのだ。ご存じのように、何度も債務不履行(デフォルト)を繰り返し、高インフレにさいなまれている。この30年をみる限り、日本はアルゼンチン化の泥沼に陥っているように映る。国や政党は本格的な改革をせず、不祥事を繰り返しながら、国民の歓心を買っているだけだ。ならば愛知が先頭に立って改革を断行する。

大久保利通公は、第3期について「後継者の継承を待ちたい」と述べ、若手の成長をみながら、後を託し後継者を選ぼうと考えていたようだ。私も大久保公にならい、「内治を整い、民産を殖する」今の時期を全力で駆け抜け、愛知を大いに盛り上げ、日本を建て直して、いずれかは「守成・継承」の時期にたどりつきたい。その時を迎えるためにも、今は目の前のやらねばならない仕事をバリバリとこなしていきたい。

愛知カレンダーに、人口減少対策、観光・文化振興策、カーボン・ニュートラル戦略、医療福祉戦略などをどんどん盛り込み、モノづくり立県であると同時に、豊かな暮らしを満喫できる「選ばれる愛知」となるよう、ダイバーシティ改革に邁進していきたい。

最後に、時間的な制約の中で、本書の出版のためにご尽力いただいた株式会社PHPエディターズ・グループの佐藤義行編集長と立野豊氏に心より感謝し、御礼を申し上げたい。

龍躍愛知の年　初夏

愛知県知事　大村秀章

大村秀章（おおむら ひであき）

愛知県知事。中部圏知事会長。リニア中央新幹線建設促進期成同盟会会長。全国知事会文教・スポーツ常任委員長。

1960年3月、愛知県碧南市生まれ。東京大学法学部卒。農林水産省を経て、1996年、第41回衆議院議員選挙で初当選（当時36歳、自由民主党）。以来、5期連続当選。2001年、小泉政権発足と同時に経済産業大臣政務官に就任。2002年、内閣府大臣政務官。2006年、内閣府副大臣（経済財政、金融、地方分権改革）。2008年、厚生労働副大臣。この間、日本の構造改革、社会保障制度改革に司令塔として取り組む。2010年、衆議院決算行政監視委員長。

2011年、愛知県知事当選。

「世界と闘える愛知」の実現を目指し、成長戦略の推進と愛知県政の改革及び地方分権に果敢に取り組む。2015年、愛知県知事再選。2019年、同3選。2023年、同4選。

主な著書に、『それでも日本は蘇る―21世紀への10の指針』（日経事業出版社）、『大村秀章の21世紀人』『再生、興国への突破口―それでも日本は蘇る』『戦略なき政治を斬る』（以上、小学館クリエイティブ）、『中京維新－日本が蘇る5大改革戦略！』『愛知が起こす成長革命―日本が蘇る2027年への提言27』（以上、PHP研究所）、『世界イノベーション都市宣言－「愛知が起こす成長革命II」グローバル編』『スタートアップ興国論－愛知が起こす成長革命III』（以上、PHPエディターズ・グループ）、『今こそ、ファースト・ペンギンを目指そう―愛知が起こす成長革命IV』などがある。

停滞を打破する22戦略
ダイバーシティ興国論
愛知が起こす成長革命V

2024年6月1日　第1版第1刷発行

著　者　大村秀章
発　行　株式会社ＰＨＰエディターズ・グループ
〒135-0061　東京都江東区豊洲5-6-52
☎03-6204-2931
https://www.peg.co.jp/
印　刷
製　本　シナノ印刷株式会社

ISBN978-4-910739-58-8